如何戰勝苦難？

靠主戰勝苦難的 5 個秘訣

使你重新獲得勇氣、平安、喜樂、信心、與力量

作者 梅根敏敏 Megan Minmin

好評推薦

「苦難！

錐心刺骨，痛，

無法跨越，坎，

困境裏，無助，

悲苦中，絕望。

本書，乃

一根點燃的蠟燭，

驅走黑暗，

光照四方，

更溫暖你的心，

讓你再次勇敢，

堅定向前。」

—— 真耶穌教會台灣總會神學院前院長 張超雄

「這本書像一盞苦難中的明燈，以溫暖、直白、激勵的風格，照亮並安慰了在苦難中的人。我試了書中的 5 個方法，很有幫助。我會大力推薦本書給苦難者、基督徒、或在尋找信仰的人。」

—— *The Lost Imperial Seal* 作者 C. H. Henry Hsu

本書獻給

雪麗與亨利

目錄

第一部曲 **為什麼是我？**

第 1 章 為什麼是我遇見苦難？

我們都想要變得更好、實現夢想，變得更加幸福、快樂、健康、平安，最好能有完全的自由、無憂無慮、心想事成。也可以說，我們都想要有更好的生活、活出更有價值的人生、讓我們的生命變得更有意義、找到自己並超越自己，不枉費這短暫的生命。

無奈的是，苦難就好像拖油瓶，在拖我們下水、扯我們後腿；拉扯著我們離夢想與更美好的一切，越來越遠；讓我們的行為與夢想背道而馳。苦難的話題，猶如過街老鼠，眼不見為淨，能迴避就裝傻吧！我們不喜歡去談它、聊它，因為它們實在是很沈重的話題。此刻你心中「真實的我」，在不斷的吶喊者、疑惑著、煩惱著、痛苦著嗎？「為什麼是我遇見苦難？為什麼...?」我懂，沒有人喜歡苦難，我們都不想遇見苦難。殘酷的是，不論我們願不願意、喜不喜歡、接不

接受；苦難卻像藤蔓般，持續的纏擾著我們、圍繞我們身邊的人；甩也甩不掉、踢也踢不開，始終與我們的人生形影不離。

如果我們對苦難視而不見，各種的「美好」，或人原以爲的「更好」，都變成了不持久的表象，如泡沫般短暫的虛幻，成為曇花一現的狀態。它讓我們很快地打回原點，甚至不知不覺地讓人變得更糟、更慘、更痛苦不堪，進入無奈的循環。我們措手不及、高度掙扎、慌亂至極；在苦難中，腦海中浮現諸多問號，不論我們再怎麼努力，這受苦，仍然沒得到滿意的答案。

康德[1]在《純粹理性批判》[2]一書中說過：「人類的理性無法被摒除，也因此必須承擔因無解問題所苦惱的命運。」

事實上，一個人遭遇苦難不見得是做錯了事；罪人、義人、好人、壞人都會遭遇苦難。每個人一生當中所經歷的苦難，其因素與過程都是獨立的個案，需個別探討。**它們沒有那麼好回答也難以解答。**換句話說，我們無法用一個標準答案或簡答來回答所有人。某方法在某人身上有效、但在另一人身上則無效，因此，沒有一個保證有效的答案。我們似乎

用盡全力，也無法逃避苦難的到來。面對苦難這位不速之客，我們只好做好萬全的準備，全副武裝面對出擊！

為什麼要讀這本書?

　　我能不能先問個蠢問題，為什麼書海茫茫你選擇了這本書? 假設你已經讀完了這本書，你會有什麼收穫? 對你有什麼好處?

我知道你或許不是自願讀這本書的，可能也沒興趣聽一個基督徒婦人談什麼人生道理或值得的方法。若是自願，我要感謝你選擇這本書！我很佩服你，願意拾起這偏重口味的主題閱讀它；特別是正在苦難中的人，讀它，可能需要一些勇氣。因為我不認為這是一件簡單的事，畢竟這不是個清淡甜美的話題。

　　「如何戰勝苦難，不應該是一本厚實又堅硬的大書嗎?」我原先也這麼想。但實際上，胃發炎的人，無法對大魚大肉，大快朵頤的享用，只能細嚼慢嚥的吃著白粥、白饅頭或白吐司；又如腳骨折的人，腳上裹著石膏、手握著撐著拐杖，寸步難行，只好一步步慢慢走。我們在苦難時也是如此，要消化與吸收貌似正常而營養的內容，變得格外無力與艱難。因

11

此，我們需要少量的文字、緩慢的步調；這也是為何這本書不厚重的原因；希望透過一本小書，為你減輕一點負擔。

如果你正巧處在人生的低潮期，你若不介意，可以慢慢地讀這本書，一週一章已經很了不起了；如果讀到痛點，不想看，可以直接蓋上書，做點喜歡的事。如果正中需求，我們一起停下來，想一下。如果還沒做好心理準備、或沒有想進一步聊苦難話題，也先不要讀這本書。

屆時，若你讀完了這本書，歡迎你讀後來信與我分享，你的苦難故事、或戰勝苦難的經歷；不論如何，你舒適自在最重要。

本書純屬外行、業餘及非學術的分享，不是從傳道(牧師)或神學家的觀點著筆；而是從一位基督信仰使用者(信主 30 年)的角度書寫。原本是我用來自我鼓勵與反省的 31 本信仰筆記，在疫情期間花了 2 年時間，整理成電子檔、丟掉所有筆記本、寫作濃縮成書；《如何戰勝苦難》是先完成的第一本。我必須強調，我只是一個平凡的基督徒，既非最具寫書資格者，也不是戰勝苦難的專家或權威；我也與你一樣，是個關注苦難議題的人。就好像有人特別關注環保、政治、或哪裡有特價一樣。我並非要證明我說的是對的、也沒有任何教導你的

權利、而你也不需要我的建議(我是哪位啊？)。尤其，苦難的
問題是最難回答的；說實在，我也回答不了，那這本書是在
哈囉嗎？

我相信，我們能成為「戰友」，在學習的路上，持續的
尋找答案並追求真理；一起成長、激勵，一同戰勝艱難！至
少我們能透過基督教的經典—聖經，找出裡面的圖樣(pattern)，
彼此共勉，為需要的人開啟一扇光明的窗，不管這扇窗是大
是小，不論這聲音是微弱是強盛，終究幫的上一點忙。其次，
基督教是一個以男性聲音為主體的宗教信仰，**我們需要一些
女性的聲音。**

一場突如其來的新冠病毒(COVID-19)，於 2020 年 1 月爆
發。（筆下 2022 年，本章是快完書才寫完。）這 2 年疫情讓
全世界彷彿按下了暫停鍵，甚至是關機鍵，人們的生活型態
被迫改變。我住在加拿大多倫多，正經歷第四次封城，是本
地疫情以來最嚴峻的狀態，政府與民眾皆十分無奈，世界各
地都大同小異。處在疫情，人們有說不出的苦楚，但又不得
不與苦難共存、苦中作樂。苦難的擴大，也造成罪與恨的擴
散；但這些都只是苦難的冰山一角。

13

寫本書的動力,我知道有點肉麻,是因**我愛我的神,我想為主寫書!**雖然我愛的方式、行動與能力,遠遠不如眾聖徒與眾信徒。此外,看著許多人在受苦,使命感持續在心中燃燒,疫情期間,決定透過文字分享,**來安慰與幫助身處在苦難中的人。**

坦白說,寫書的過程,我也歷經了低潮,甚至想要放棄乾脆不寫了。不論是因書中採集故事時,所延伸的共情效應或個人因素。但至終,靠著聖靈的禱告,聖靈非常充滿、靈言流利,主耶穌給我力量,驅動我寫完。我就一跛跛地寫完了這本書。哪怕最終只安慰到幾個人,對我來說就值得了、足夠了!

因此,在讀本書時,若你願意,**把我當成你的朋友或隊友就**可以了,透過它,與你或妳聊聊天。本書不談任何艱澀難懂的神學教義或學術用詞,很抱歉因為我也不會。僅用最通俗易懂的白話文、並大量地引用聖經。此外,除了作者與作者家人的故事採用真名之外,為了保護其他故事當事人隱私,皆採用化名或化地。

如果你或你身邊的人，正被苦難困擾著，不知道怎麼幫助自己或對方；但願本書能為你提供一些方法，**得到真平安與安慰**。書裡提到的方法與秘訣，僅供您參考。哪怕最終只有一點點突破，戰勝了苦難、解決了一些惱人問題；都是相當大的跨越和進步！若你願意給這本書一次機會，或許它能使你成為更好的自己、心靈不再乾渴、讓人生進入前所未有的超越，並改善你的人生與生活。亦或者，你的靈性將得到完整的煉淨，你將要被喜樂和力量籠罩著，成為一個全新的人。準備好了嗎？我們開始吧！

雪麗的故事

雪麗，是個優雅又有責任感的女性，只要她被分派的任務，她總會做得盡善盡美。也是我人生中遇過最有愛心、待客慷慨的人之一。2021 年，為了做見證，雪麗請我與她一同整理人生故事，我答應了。好幾個夜晚，聽她講著自己的故事，才發現，我與雪麗相處了 33 年，竟有許多我未知，既坎坷又心酸的故事；寫完的那一晚，我躺在床上輾轉難眠。

雪麗，是我的母親。這是她的故事：

·

15

我叫雪麗，1956 年出生，從小住在台灣苗栗蓬萊的賽夏族原住民部落。在我嬰兒時，福音傳到我們家，我爸爸明傳是閩南人混賽夏族，是真耶穌教會蓬萊村的第一顆福音種子；當時家庭還算幸福，全家受洗。有回，父母帶著嬰兒的我一起去工作，把我安放在地上，父母就在一旁作農。不料，坡上有隻牛在跑，踢到石頭，石頭滾了下來；爸媽看見時來不及，石頭就正中我的額頭，額頭流血、我昏迷沒了反應。爸媽匆忙的抱著我去醫院，一路上爸媽不斷禱告，我到醫院奇蹟似的哭了，存活下來。

我的媽媽彌子(Yaiko)是日本人混泰雅族，曾是部落之花。我 7 歲(一年級)時，媽媽開始出去工作，到日本將軍家當管家，每半個月至一個月才回家。有天媽媽又要出去工作，我親眼見到媽媽被我202公分閩南人爺爺，帶著男性親戚們，從吉普車上抓下來毆打。或許在 1960 年代，他們認為媽媽穿著時髦、外出工作、不夠傳統。自從媽媽被爸爸的家人家暴後，她決定離開家，這離開就是一年。

一年後媽媽回來離婚；我 8 歲(二年級)後，就再也沒看見媽媽了。因媽媽的離去，爸爸信心也跟著軟弱，開始抽菸、

喝酒，低潮了 3 年，才重新帶著孩子們回到教會。在教會我學到一首詩歌叫「耶穌愛我」，我非常喜歡。平時爸爸跟哥哥外出工作，家裡的一切家事，則由我跟姊姊來做，砍柴、割草、餵牛，洗衣服、做飯，我 9 歲(三年級)就必須做這些家事了；也因此耽誤了課業。還記得有次學校老師問大家：「長大後有什麼夢想？」我毫不猶豫的回答：「我想要做一個好媽媽！」有時候我想念媽媽會傷心難過、有時候一個人會害怕、有時候天黑了，家人工作還沒回家；我會拿著小板凳，在門口等家人回家，一邊哼唱著我最愛的兒童詩歌：「主耶穌愛我，主耶穌愛我，主耶穌愛我，聖經上告訴我。」

12 歲(6 年級)那年，爸爸娶了後母。在我國小畢業後，我與爸爸要求我想要念國中，爸爸拒絕說：「女孩子唸那麼多書幹嘛？以後也是嫁人而已！」所以，我失去了教育的機會。14 歲去教導主任[3]家當保姆一年，偶爾才回家，我很喜歡在主任家幫忙，書香世家，全家都當老師，學習與環境很好，令人羨慕。

一年後我 15 歲了，爸爸叫我：「不要做了，妳回家！」殊不知，爸爸把我安排要嫁出去。為了我家稻田生長，爸爸

17

每天早上第一件事是去河邊看水源。有天早上爸爸去看水，
我告訴姊姊說：「我要走了」，姊姊與後母不肯讓我走，直
叫我等爸爸回來，我仍執意要走，因為我不願意 15 歲嫁人。
於是我拿了一塊布，包了幾件衣服，就匆匆跑出家門了。我
真的是用跑的，姊姊追出來，我知道跑不過姊姊，於是我改
跳著一階又一階的梯田，白布鞋變成黑布鞋，人生第一次跑
贏姊姊，因為我跑的不是賽跑，而是逃婚。因此我 15 歲，就
離家逃出去了。

　　我先逃去女同學家，告訴他們情況，她父母也為我打抱
不平，還借給我 50 塊與一雙逃命的新鞋，同學的父母掩護我
上車，以防爸爸抓我回家。在那個年代山上部落，沒有公車，
只有吉普車或載煤炭的大卡車。爸爸果真追來了，我躲了起
來；直等到安全機會，我才上車離開了家鄉。

　　我該去哪裡呢？我逃往新竹去找同學的姊姊，她在新竹
的中興紡織廠工作。因同學姊姊引薦的緣故，紡織廠說我隔
天就可以上班了，廠裡會提供早餐。隔天，我見工廠餐廳巨
大又多人，緊張又害怕的我，不敢吃那頓早餐。本該是開工
日，我卻昏倒了！醒來後我人在醫院，他們告訴我是貧血與
相思病。回到紡織廠，主管說：「既然身體虛弱，妳還是回

家吧！」我哭著求：「我好不容易逃出家，我不能回家！」
此時，外省人楊廠長正好聽見，過來關心說：「怎麼啦？到
我辦公室來。」我進去，告訴他事情的經過：「我不能回家，
我爸爸要我嫁人。(嗚...)」廠長說：「妳爸爸怎麼這樣？你會
看家嗎？」我擦擦眼淚，毫不猶豫的說：「會！」廠長說：
「今天帶你上台北，到我們家。」就這樣，善良的廠長收留
了我在他家工作。那是我人生中第一次去台北，到了廠長家
大開眼界，第一次看見電鍋、洗衣機、熱水器、和電話。小
時我家很窮，媽媽離開後，8 歲的我在部落老家，每天要早起
用火燒飯，沒瓦斯也沒有電，煮的是少量的地瓜飯或芋頭飯，
供全家 6 人吃。大約在我 12 歲，家裡才有電，但即使有電，
也沒有這些電器用品。

　　17 歲，我開始尋找我的媽媽，透過阿姨和大哥，我順利
找到了媽媽，開始與媽媽寫信連絡。媽媽嫁給了繼父覃叔，
覃是廣西撤退來台的傘兵，生了個同母異父的妹妹，一家三
口幸福快樂。

　　18 歲我與媽媽有機會在台中住幾個月敘舊，媽媽才告訴
了我的身世：「雪麗...有件事我要告訴妳，其實你的親生父親
是...陳醫師。」當年我聽到時，晴天霹靂！我並不想接受這個

事實，在我心底明傳才是我的父親，除了不讓我升學與逼婚之外，他都對我很好。我恍然大悟，原來童年時親戚們嘲諷的說，我長得像平地人...，原來我是 50%閩南人、25%日本人、25%泰雅族。但最讓我感到不解與氣憤的是:「既然陳醫生是我爸，為什麼他都沒有像個爸爸來看我? 看我那麼可憐，為什麼沒有照顧我?」生父是村裡的家庭醫生，為了幫助鄉下村民，選擇在蓬萊落腳，我們家過去都是找他看診。

當時我在 CCK(Ching Chuan Kang Air Base)位於台中空軍清泉崗基地的餐廳當服務生；接著又回到台北的美軍軍官俱樂部上班；這兩份工作機會，讓我有機會學習英文。每次返鄉，常在下車處遇見生父陳跟我打招呼，他的診所就在附近，沒有病人時會在小街上走動。明傳爸爸生病需要定期拿藥，去陳那看病，他也都會開上好的藥給明傳爸爸；陳逮到機會就問我:「妳媽媽告訴你了嗎?」，我裝傻:「什麼?」，陳:「恩...沒什麼...。」，事實上，我並不想與他相認。

在我 23 歲那年的一場夢，讓我覺得我應該要去找教會。26 歲那年，我的大哥過世了...我很傷心，再一次的讓我想回到神的家。27 歲時，我在台北與 3 個女性朋友合夥開卡拉 OK 簡餐廳。有位張姓香港人常來我店裡用餐，從客人到朋友，

我們認識 2 年後交往。30 歲那年，我們結婚了！31 歲生下大女兒後，我們從台北天母搬到高雄鳥松，買了房，32 歲生下二女兒。一家四口，在高雄展開幸福快樂的生活。先生是期貨公司的負責人，事業順遂，假日一家人常去飯店住總統套房，安逸度日。

從我認識先生他就在做期貨，因為開美盤，先生晚上都在公司上班。當時我兩個女兒都小於 2 歲。有幾次孩子們半夜發燒，我不敢打擾先生上班，自己帶兩個孩子又不方便去醫院，我就禱告神；孩子就奇妙的退燒了，當時我開始比較懂得倚靠神，也都獨自帶孩子們去教會守安息日。

但當先生事業越做越好、常去應酬，也越來越少在家。結婚 5 年來，先生對我三次不忠，事不過三，我無法接受另一半有外遇，我選擇結束婚姻：「我們離婚吧！」於是我們雙方都爭奪孩子的監護權，先生說一人一個孩子，我說：「我要兩個孩子，等你願意兩個孩子都歸我，我們就去簽字。」3 個月後，他從台北回高雄，他說：「孩子歸你。」結婚 6 年後，我與先生簽字離婚了，他成為我的前夫，再也沒有給過任何贍養費、也沒能來探視孩子，就離開台灣了。36

歲以後,我成為了單親媽媽。

　　2 年後(38 歲),我帶著兩個孩子,離開傷心之地,北上搬到苗栗頭份,租了一間公寓;這一搬,就是 15 年半。身為單親媽媽,為了養家,我做過很多工作(如:祥園餐廳、宵夜小吃、簡餐廳、牛肉麵店、釣蝦場、魚市場等)。工作繁忙,有大夜班也有清晨班,有時甚至要同時接兩份工作才能維生。但我想給孩子們最好的。在教育上,我盡可能找好學區,只要孩子們主動想學的才藝,我一定答應,哪怕要再辛苦賺錢,我也拼了命的讓她們學。在信仰上,這麼多年是主耶穌與我一起在帶孩子。當時我們家走路 5 分鐘就到教會,猶如後院,孩子們從小在教會長大與服事。在生活上,只要她們喜歡和需要的,我一定盡全力給予。

　　當時,頭份某砂石批發公司在徵會計,有信徒推薦這公司的女老闆王道米人很好(簡稱王);我去詢問表示工作意願,不久後,我也順利的拿到這份工作。王得知我會煮飯,除了原會計職務外,額外要求我幫忙煮中餐及晚餐給公司的人。工作期間,王態度和善、人品佳,也相當善待我的孩子,如:會主動幫忙接送孩子到公司、請她女兒帶我女兒去剪頭髮、

也跟著我到教會慕道...等。在我任職期間，王與官商都熟絡，例如：銀行經理常來公司找她喝茶吃飯。有回，王說公司需要投資新開發，並帶我到開發地桃園看看，舉辦雞尾酒會，貌似企業壯大。但需要跟我借200萬，下個月就可以還我。相處下來很舒適像極了朋友；由於在王公司上班，我不疑有他且毫無戒心的將這筆錢借給她。

萬萬沒想到，好心借錢給她後，王性情大變，態度變得極其惡劣；公司陸續出現訪客，原來不是客戶，大多是上門討債的。最後她告訴我說：「公司不需要會計了，我可以自己跑銀行！」於是把我給炒了，最後一個月的薪水也沒付給我。原來這一切是欺騙，我決定找律師提告。在法院時，巧遇好幾位都是告王的人，才知道原來我還是被騙最小條的，其他有400、600、800、1200萬等金額，有老師、議員、夫妻、老人家、甚至她的摯友，形形色色的頭份百姓；有房契被借去偽造文書、有以房契抵押房子就被騙走、有幫王當保證人蓋章後反變成鉅額借款人，各種荒唐名義欺騙無辜人的錢或善心。

但很遺憾，我們幾乎敗訴；有個400萬的好不容易勝訴，王準備被抓去關前，與對方談條件，宣稱一定每個月分期還

10 萬,請求和解,王真的先還了 10 萬給對方,對方心軟取消告訴後,王就停止還錢了。我親眼看見每次審理結束後,王還能上台跟法官侃侃而談。我為此上法庭 5 次,聽到法官說法都大同小異,說:「她名下沒有財產,沒有義務還債。」我不知道該找誰為我伸張正義,看著她還錢的機會渺茫,又要支付不少律師費,我就放棄提告了。

這段期間,我在山上的爸爸明傳病危,急需醫藥費,於是我去找王談說:「我爸爸病危,急需要 5 萬元...請先還我 5 萬。」王讓我在那乾等,從早到晚餓了 2 頓,她就做她的事、吃她的飯,天色漸暗,她終於說話,態度刻薄的回:「錢?我哪裡有錢?!」,回頭又去忙自己的。我一氣之下,憤而離開,用手垂了她的窗,窗戶破了。她追出來面紅耳赤的辱罵:「妳給我賠窗戶!賠我窗戶!」我冷冷的回:「從欠我的 200 萬扣吧!」之後,有黑道找上門問我:「要不要五五分帳?我幫妳用黑道的方式討回來!(例如:跺手)」我沈默思索,沒有答應。當晚我做了個夢,夢到一節經文:「不要以惡報惡」隔天,我就拒絕了黑道說:「算了吧!我想想還是不要討債了。」王騙走了我僅有的財產,我要獨自養兩個孩子,該怎麼辦呢?我靠著主,繼續忍耐殷勤工作。

回到身世，我 40 歲左右，麗蓉傳道來頭份教會協助，她赫然提起陳醫師，我才發現原來我們有血親，我這才把封城心底 20 幾年的秘密告訴了她。麗蓉鼓勵我：「上一輩的事就讓它過去吧！他畢竟還是你的父親，我認為姐妳還是有必要與他相認。」因為麗蓉的鼓勵、也因我越來越認識耶穌，我選擇了釋懷，鼓起勇氣去尋找我的生父。當時去他家，陳太剛過世，陳的孩子們叫了我：「姊姊」，我很訝異！原來生父晚年曾告訴陳太，陳太說：「把她找回來吧！」那天，我既往不咎的放下心中的恨，牽起陳的手，叫了他一聲：「…爸」相認後我有接老邁的他到家裡照顧過，幾年後，生父離世了。2 年後，我的爸爸明傳也過世了。

女兒們高中時都上台北求學，04 年 9 月中秋夜晚，頭份家裡遭小偷，一夜之間，門被敲爛了、家具被敲開翻爛，整齊的家變得凌亂不堪，40 萬現金與一生的金銀珠寶，被偷個精光。感謝神，我們一家人都不在家，即使遭竊，人都平安。

孩子們念大學時我們一家三口分居北中南，為了多珍惜三人在一起的時光，我們決定一起搬到台北，大女兒上班、小女兒念研究所、我則退休。從苗栗搬到台北住了 7 年。因

我的腳有「凍甲(甲溝炎)」,需要定期修剪指甲;可能因修甲店的工具不衛生;55 歲時,我得到了 C 型肝炎,那半年我要定期去永和耕莘醫院打干擾素,體重瞬間掉到 43 公斤,身體非常虛弱、疲倦、全身無力、頭髮也掉了很多;有幾次都虛弱到昏倒了。透過配合治療,感謝神使我最終康復了。

從小我被迫獨立,因我所處的景況,讓我不得不堅強起來。回顧過往,人生經歷過酸甜苦辣,雖然有時我會想:『為什麼是我遇見苦難?』出生窮苦人家、兒時失去母親、失去了教育機會;成年後得知生父一事、婚後又失去丈夫與婚姻、成為一位需要辛苦工作支撐家庭的單親媽媽、無奈維生財產被騙與偷個精光、生了場病、大哥與父母皆離世等。

在這世上,我看似一無所有;但在屬靈裡,我卻樣樣都有。我還有主耶穌、還有兩個女兒、還有來生的盼望!在苦難中,靠著神賜我的平安、與走下去的勇氣和力量,戰勝苦難。我知道耶穌一直愛著我、陪著我走。如今神賜福,孩子們皆長大成家,我有兩個女兒兩個女婿與三個寶貝孫子女,分別落腳在多倫多與台中。趁著我還活著、還能走動與付出,我願盡力地為主作工、把愛傳給需要的人。

第 2 章 苦難 5 期

人生必遇苦難

　　讀完了我母親雪麗的故事，不知道你有何想法與感觸？回顧我們個人的生命，或小或大、或多或少、或長或短、或相異或類似，都會經歷一些苦難。苦難，就像我們不想參加卻不得不加入的闖關遊戲，一關過去，一關又來，不斷有新關卡或新挑戰出現。沒有人歡迎苦難，我們也不會沒事去邀請苦難，它卻常常不請自來。事實上，人一生下來就離不開苦難，不論你是什麼身分、地位、階級、文化，無一倖免。苦難與我們共存，成為人生中一種很不自然的自然現象；苦難是人生中很真實的一部分。生老病死、生離死別，我們都會遇到，包含尚未經歷苦難的人。越文明越先進的國家(如西方國家)，對於受苦的耐受度也會相對低，因為不習慣受苦、

或因避之唯恐不及，遇到時我們往往措手不及。

聖經中經歷苦難的聖徒們，像是舊約的約瑟與約伯，在受苦的過程中相當淒慘；又如新約的使徒們或基督的精兵們，保羅、司提反、彼得等。而最痛的受難，莫過於耶穌本人，祂為了我們釘在十字架上，被凌辱、鞭打，寶血直流，死在十字架上。

難道，這些人都不夠虔誠、不夠屬靈、自食其果嗎？不是的，苦難並非總要與懲罰劃上等號，或許這是我們需要認清的一件重要之事，我們將會談到受苦的原因。實際上，每個人、每個家庭，都有各自的困難和功課。不論你是個多麼虔誠的基督徒，在人生中，**我們一定會遇見患難**，會有傷心、難過、痛苦的時候；甚至苦難都沒得到回音、或找不到答案。我們雖無法避免，但我們可以練習去戰勝它；它使我們更渴望來自神的盼望與平安。就像耶穌對門徒說：*「在世上你們有苦難，但你們可以放心，我已經勝了這世界。」*[4]

苦難 5 期

接下來，談談當苦難來臨時的 5 個時期，本書簡稱「苦難
5 期」

第1期　　　第2期　　　第3期　　　第4期　　　第5期
衝擊期 → 沮喪期 → 黑暗期 → 思想期 → 驅動期

苦難的第 1 期「衝擊期」

當苦難來臨時，對於一些很少經歷苦難的人來說，你的
痛苦似乎很容易解決，要講出一番大道理也十分簡單；但有
的缺乏同理心，站在你所處的位置與角度看待你的苦難。然
而，對於正在經歷苦難的你來說，苦難本身，讓人傷心又絕
望、挫折又痛苦。此刻的你，猶如一隻天上的飛鳥瞬間被折
斷了翅膀，心如刀割。

當下真的很難理解，事情來的出乎意料，內心十分抗拒，
同時會有很多衝擊和疑問，甚至懷疑自己，腦海中不斷出現
著：「**為什麼會發生苦難？為什麼是我遇見苦難？**為什麼是
現在？」、「哪裡出錯？我是不是做錯了什麼？難道我被懲

罰或咒詛了嗎？」、「是命運嗎？是我的信仰不夠虔誠嗎？為什麼神沒有回音？」、「為什麼不幸會臨到我？為什麼我感到不平安？為什麼苦難又來了？為什麼…?」也許你會感到有冤屈與不解：「我是個好人（或我是位基督徒），該做的有做、該守的有守，我那麼認真與努力；但為什麼生活會那麼不如意、那麼苦、那麼不如人呢？」、「為什麼我會受苦？為什麼我會遭遇這樣的事？」在苦難的衝擊期，你不停的煩惱和擔心，每天提心吊膽，言行舉止無形中透露出你的恐慌，導致根本無法好好的放鬆與休息。此外，你會備感壓力、意氣消沈、焦慮、失落、緊張、不自由；你會感到煩躁與坐立不安，因為不得平靜與安息，言語也變得越來越急躁、為自己辯護而反覆爭議、否認或討價還價。

而有些人在苦難的衝擊期(也就是初期)，彷彿暴風雨前的寧靜；壓抑著不表現出來，因為不曾或不常面對這份苦難，以至於不知道該怎麼處理、該怎麼表態與表達，所以看起來格外的平靜與異常的淡定，在言談中說出了常見的標準答案。

苦難的第 2 期「沮喪期」

若你正在苦難的第 2 期，此刻的你，開始感到有些絕望感，心理很沮喪、缺乏活力、感到無望、失去方向、生命停滯不前、內心既害怕又恐懼。漸漸地失去笑容，你不想笑也笑不太出來；但在不得已的場合仍會強顏歡笑，眼神卻透露出一抹哀愁。很多時刻，你可能只想一個人靜一靜，把自己隱藏與隔離起來，跟誰都不會太親近；亦或是，你拼命的找人相聚、製造熱鬧，只為掩蓋不適感。你的眼皮沈重，時常沒來由的哀傷和嘆氣；夜深人靜，不禁悲從中來，委屈，就開始靜靜的掉眼淚或放聲哭泣，衛生紙早已不知道用掉幾盒（也有人欲哭無淚）。

不只是眼皮，你雙肩上的重擔更加沈重；你感到很迷惘、失去方向感。不確定下一步是什麼？你不知道神的旨意是什麼？因此你停住了，停在原地。你變得玻璃心，一點點小事就容易失望、心寒、受傷、令你心碎。你會感到心情低潮、滿心苦惱、對現況不滿、深感煩悶、剝奪感、憂鬱、愁煩、悲傷、悲慘與犧牲。

當你進入苦難的沮喪期，會突然像顆洩了氣的皮球，頭

腦進入了「消極區域」，你會害怕或消極的覺得：「自己的努力很沒有意義、自己毫無價值，不確定自己的方向是否正確、又該往哪走？」，或是感到：「整個人疲勞轟炸、心力交瘁、精神透支、站不起來、毫無動力和指望可言、生活不盡理想。」或許因經濟困難、能力匱乏、失去健康或摯愛，處境、志向、情感或社交失意等種種苦境(見第 3 章)，使你感到一無所有，而格外自卑。

　　在沮喪期時，你會想逃避、不想或不敢面對，想暫時遠離現實的壓力、煩擾、與這種不適感。於是你開始拖延[5]、懶得運動、想睡與莫名困倦的一直睡；但無論你睡得再多，大白天仍舊無精打采；有時你翻來覆去的輾轉難眠(失眠)，睡眠品質不佳。你也許暴飲暴食或食不下嚥、所幸找個可以讓自己失焦的事物—上癮。哪怕是暫時逃避現實的苦難，抗拒健康飲食與正常的生活習慣，例如：不想運動、吃垃圾食物、吸菸、飲酒；危險駕駛、賭博、吸毒、暴力、混亂性交等。如同困苦人說：「*我的年日如煙雲消滅；我的骨頭如火把燒著。我的心被傷，如草枯乾，甚至我忘記吃飯。我吃過爐灰，如同吃飯；我所喝的與眼淚攙雜。*」[6]

　　陷入憂鬱的泥濘中，日子過的很煎熬、懷舊卻無力面對。漸漸的，你不在乎生活。即使你清楚的知道該怎麼做比較正確，只是行為卻不聽使喚的與你唱反調。你彷彿看不見亮光，在行為上進入「**放棄模式**」，心中卻仍舊抓著任何一絲的希望。當你最需要神立即回應時，卻沒得到神的回音；於是開始自我懷疑：「為什麼神彷彿忘記我、跳過祝福我了呢？」、「我是不是做得不夠好？是不是不值得被愛？**我是不是不配被神愛著？**」，你會想要跟神申訴與理論：「神啊！祢在不在？如果祢在，為什麼轉眼不顧我(我們)了呢？為什麼不聽我的求救？」、大衛曾說：*「我的神，我的神！為甚麼離棄我？為甚麼遠離不救我？不聽我唉哼的言語？」*、*「但我是蟲，不是人，被眾人羞辱，被百姓藐視。」*[7]

　　克可(Kirk)是一位在沮喪期的基督徒，他說：「或許有人會說，你有信仰還沮喪什麼？但事實上我不想上班、不想顧家；不想去教會、不想也沒有力量去禱告和讀經、因為不想聽到一堆大道理、不想看到任何勵志文。更不想做一切應該做的事情，因為都不再重要了。我不想與人接觸交談；我只想看笑話和脫口秀。誰也別再叫我不要放棄了，我累了，不想努力了！」

苦難的第 3 期「黑暗期」

不論苦難是什麼緣故引起的，我們的人生有不同的低潮期，而黑暗期正是苦難中的最低谷。你彷彿像個玻璃杯摔落在地，粉碎一地、一蹶不振。苦難的黑暗期，心情會感到十分地沈重與暗淡，你會時常感到厭煩，幾乎跌入極深的谷底，在那裡是一片漆黑，有著前所未有的黑暗感，漆黑到在行為和心理上你完全放棄了，放棄去尋找希望或一絲光芒，你僵滯在那死亡的幽谷…苦不堪言。「*他們無光，在黑暗中摸索。*」[8] 在黑暗期，你感到沒有人能完全的理解或明白你的處境，沒有盟友、沒有親近的團體、也沒有人關心你、理解你，不論你到哪裡都不屬於你、你也不屬於該處，你毫無歸屬感。你的心，猶如被囚禁在監牢一般。

彷彿走到了人生的盡頭，而這苦難卻始終沒有盡頭。你不解：「為什麼這苦難，貌似永遠沒有終點？」在黑暗期時，會顯露出你內在的黑暗面與罪惡面。你會極其的負面，可能會抱怨事、怪罪人，或埋怨神，感到悔恨甚至怨恨。一個不小心很容易被觸怒(遷怒)，在溝通時過濾器直接關掉，格外容易情緒起伏不定和失控，如生氣、憤怒、易怒、暴怒、暴躁、

歇斯底里。此刻的你，就像一顆帶刺的仙人掌；你想找方式發洩激烈的情緒與不快。當狀態一直很不好，飆髒話是很常見的。黑暗期甚至讓你的潛意識都無法徹底放鬆，你睡覺時會做惡夢，連睡覺都不得輕鬆。

在承受苦難並感到絕望的人，因為無法再忍受生活的煎熬，會產生極端的想法、並尋求任何極端方法或作為。此時，苦難者只想要得到釋放與解脫，以最快的方式結束或移除痛苦，想要結束生命、或想要選擇犯罪。沒有人願意痛苦的活在悲劇裡，因此厭棄生命，寧願死亡，而產生自殺的念頭；看到刀想往手上劃、看到高樓想往下跳。想要自殺的人，心理感到極其的苦痛，認為自己一事無成的高度挫敗感、憂鬱、沒希望、絕望、羞恥、厭世、覺得受傷；無人傾訴或宣洩，或了無生氣對任何事零興趣、避開任何人不想與人接觸、只想沈默，避而不談，什麼都不想說，不想浪費時間或精力去談論自己苦難，不想去看它一眼。外表或性格產生劇變。

在黑暗期的黛西(Daisy)說：「我現在對光明的人事物感到格外反感。我聽到讚美詩或教會講道非常的不喜歡。我最近聽教會的講台訊息聽不下去，我甚至會聽到直接離場，聽

的很煩、很沒有共鳴。也不知道是我的問題，還是訊息的問題？我身邊圍繞著虔誠的信徒，我越來越感到自己在宗教思想這塊，與周邊的人格格不入；他們太天真，根本不明白世界怎麼了。我十分低潮，幾乎不想活了。**我活著的意義是什麼？我生來的價值是什麼？」**

苦難的第 4 期「思想期」

「神啊！你要我學會什麼？」在思想期時，前三期的各種負面情緒，從高喚起轉至低喚起；換句話說，你對苦難已經不陌生了，你逐漸感到麻木，開始越來越熟練的與苦難共存，即使你仍舊不喜歡苦難，也仍然感到無助、苦悶、悲哀、與痛楚，甚至處於水深火熱之中。

我們遇到任何一件認為挫折或失敗的事，其實都能轉化成好的效應。苦難會帶來挫折感、與一份極佳且深度的思考契機；讓你我停下來、想一想、反思檢討、認識自己、調整方向，再重新出發。*「遇亨通的日子你當喜樂；遭患難的日子你當思想。」* [9] 人幾乎都是在困境時，比較容易也較願意去「思考」。在你最痛苦時，也是你最深入思索自己信仰的時

刻。

苦難，就像人生的大鬧鐘，把沈睡的我們喚醒；喚醒我們去思考最深層的本我：「**我是誰? 我人生的終極目標是什麼? 什麼才是此刻最重要且最有價值的?**」在苦難的思想期，人生三觀會有另種層次的昇華，看懂人在緊迫時，什麼最重要? 什麼不重要?

苦難中的思想、自我分析、自我認知與揭露，有助於拆解苦難。在思想期，你或許會在反思與檢討中，產生自責、內疚或罪惡感；你也可能問心無愧，深知純粹是受到了信心的操練。但你不再以他人的目標為目標，也不再被世俗的價值觀牽著鼻子走，你會走入內心深處的那扇門，聽聽自己內心的聲音，甚至是神微小的聲音。

同時，思想期也激活了你我的悟性：「**其實我是軟弱的、我是有限的、我需要神。**」我們的硬心慢慢軟化為肉心，願意承認人類的侷限。當我們面臨令人傷痛與震驚的苦難，我們赫然明白，**原來神國，是身處在苦難中，那內心的平安。**苦與甜的對比，即是恆苦不苦，恆甜不甜，由苦轉甜才是甜，由甜轉苦才是苦，這種反差強化了感知及心境；因為有苦水，

才會凸顯甜水的美好。從前神賜予總是甘甜，如今酸甜苦辣；從前即刻回應，如今愛的隱藏。於是，我們漸漸的願意接受苦難。

苦難的第 5 期「驅動期」

當你到了驅動期，你已經過了苦難的大風大浪，跨越了最掙扎、最低落、最黑暗的三種時刻；雖然苦難還沒離開，你仍在一片汪洋中等待被救起，那悲痛感還在，你仍然受到苦難的折磨，甚至身心痛苦不堪。此階段，你會更加謙卑、懊悔、受激勵、也願意降服。心想：「我到底該做什麼？該怎麼做？」、「我的下一步在哪？我該往哪裡去？我現在要怎麼調整方向？」這表示你進入了苦難的驅動期。此時，苦難反而會產生巨大的動力，帶我們進入各方面的超越和提升。它推動著我們，去做更有意義及最重要的事，或做出重大的選擇、決定、與改變。苦難激勵我們前進、困難驅動我們加速進步、挑戰也幫助我們快速成長。苦難成為你的燃料與導師，逼著你朝向更好的方向改變，激發你最深層的潛能與天命。

在驅動期，你會開始蛻變、你會看見希望，彷彿「黑暗中有一道曙光」照耀著你，指引著你的方向。*「主雖然以艱難給你當餅，以困苦給你當水，你的教師卻不再隱藏；你眼必看見你的教師。你或向左或向右，你必聽見後邊有聲音說：『這是正路，要行在其間。』」* [10] 於是你將越來越明白，苦難在你身上的終極意義是什麼。你會開始設定改變的目標，可能是價值系統的轉換、或做出具體的藍圖與計畫、最終付諸切實的行動，全力以赴。在你最痛苦的時候，卻往往是你與神最親近或最深刻的時候、也是你靈性最大飛躍的時刻。當你的心打開時，任何人都有改變與成長的可能。**你的苦難，將轉化成你的力量。**

讀完上述的苦難5期，你是否深有同感？「這內容，根本就是描述著我的狀態…」、「沒錯…與我的處境十分雷同…」不論你現在正經歷苦難的第幾期，請記得，你並不孤單！

受難的耶穌

耶穌明白，耶穌也經歷過「至苦」，祂能體會你的苦楚、分擔你的憂愁、了解此刻的你有多麼難受。耶穌在世上一共

33 年，祂用最後三年在世上傳福音，耶穌在世上沒有令人稱
羨的背景[11]；祂出生在馬槽，沒有一個可棲息的家，連個睡覺
的枕頭都沒有。曾被本地的人唾棄的祂，受苦、受試探、被
背叛、被嘲笑、被藐視、被凌辱、受人攻擊；無罪的主，甚
至被自己的門徒出賣與否認，被人狠狠地鞭打與戲弄，最終
走上了十字架受死，可說是受盡了身心靈的痛苦。

　　耶穌要被捕也就是受難前，極其難過與憂愁，心裡憂傷
幾乎要死[12]。當時耶穌在客西馬尼園三次向天父禱告，內容是
一樣的，祂向天上的父禱告說：「*我父啊，倘若可行，求你
叫這杯離開我。然而，不要照我的意思，只要照你的意思。*」
耶穌給我們做了一個在苦難中的禱告示範；祂也曾憂傷與難
過，但最終祂信心地向神說：「*願祢的旨意成全。*」換句話
說，不論神最終是否將苦難移除，耶穌都接受，**受難是表示
耶穌對神最高的順服**；人子耶穌沒有使用避免苦難的特權。
無論是心靈、精神、還是肉體的苦難，道成肉身的耶穌都親
自經歷過；耶穌被釘在十字架上的最後時刻，因為痛苦不堪，
耶穌大聲喊著說：「我的神！我的神！為甚麼離棄我？」[13]
耶穌真實地走過這趟苦難，在耶穌最悲痛欲絕的時刻，天父
沒有給祂答案。所以你一切的苦難，耶穌都懂，耶穌都明白

你的感受！全為了世人的罪，走上十字架上，流出寶血，為
了我們、也為了證明主對我們的愛。如果你也相信耶穌是主，
便能明白，神不是一個苦難的旁觀者，祂是參與者，祂分擔
我們的苦難。

受苦的原因

人為什麼會受苦？這是古今中外都關注的話題。路易斯
(C. S. Lewis)書中提到：「只有無所不知者，有數據與智慧能
看見」[14] 許多苦難，我們沒有答案。不同的文化或宗教，對
受苦的原因有不同的洞見，比如：道德主義認為，苦難是因
為「人做錯了事」；超越自我或人本主義表示，苦難是「錯
覺(幻象)」；宿命論者則認為，苦難是「命運」造成；而二元
論者則表示，苦難是「宇宙的衝突」。[15] 你呢，你怎麼看？
以下提供幾項受苦的原因(單選或複選)供參考，例如：

1.個人(健康)因素

基因與遺傳、生理、心理(個人情緒)、精神、生活習慣
(飲食、作息、睡眠、運動)等病痛。

2.環境因素

原生家庭、自然環境、外在環境、大環境(文化、國家、時代等)。安逸慣了也屬於環境因素「*安逸的人心裡藐視災禍；這災禍常常等待滑腳的人。*」[16]

3.犯罪，受神管教

違背神的命令、犯了罪，受到神慈愛的管教、或公義的處罰。例如驕傲、貪婪、情慾等。「*若不聽從，反倒悖逆，必被刀劍吞滅。這是耶和華親口說的。*」[17]、「*我兒，你不可輕看主的管教，被他責備的時候也不可灰心；**因為主所愛的，他必管教**，又鞭打凡所收納的兒子。你們所忍受的，是神管教你們，待你們如同待兒子。焉有兒子不被父親管教的呢？*」[18] 不一定人沒事很平安，就全都是神的愛，因神所愛的，祂必管教；神不喜悅的，祂也會處分。「*他的怒氣不過是轉眼之間；他的恩典乃是一生之久。一宿雖然有哭泣，早晨便必歡呼。*」[19]

- 亞當與夏娃：苦難最初來到世上，是因為人類的始祖

亞當和夏娃，犯了罪、想像神一樣，違背主命吃了善
惡果後被咒詛[20]，於是開始受苦；這也是罪的起源與
人類最初受苦的原因。

- 約拿：他選擇了違背與逃避神的命令，忘記神必定會
  幫助他。他的危機來自於對神失去信心及對人失去愛。
  [21]

- 烏撒：烏撒違背摩西律法被神擊殺[22]，到了基頓的禾
  場；因為牛失前蹄，烏撒就伸手扶住約櫃。神向他發
  怒，因他伸手扶住約櫃擊殺他，他就死在神面前。我
  們可能會有個疑問：「為什麼烏撒摸約櫃被神擊殺？」
  根據摩西律法，利未支派被分別出來抬約櫃。必須要
  利未的兒子哥轄的宗族(後裔/子孫)，才能看守約櫃等
  聖物。哥轄的子孫被指定抬約櫃，只是不可以摸聖物，
  免得他們死亡[23]。那更不用說是烏撒了，烏撒既不是
  利未人、不是哥轄(Kohath)、也不是哥轄的後裔
  (Kohathites)；因此他本來就不能去抬或摸約櫃；即便
  他本能反應去接住約櫃的聖物，這件事徹頭徹尾就是
  一件干犯神的事[24]。烏撒被擊殺事件以後，大衛心裡
  愁煩、懼怕神；後來大衛下令遵照摩西律法：「*除了
  利未人之外，無人可抬神的約櫃；因為耶和華揀選他*

們抬神的約櫃，且永遠事奉他。」 [25]

4.神的試煉，使靈性昇華

　　談到苦難，從基督信仰的角度，必須談到「試煉」。試煉是來自神的信仰考試、為了使靈性昇華的鍛鍊，並不是因為人做了什麼而受試煉。試煉能讓基督徒從喝靈奶，進階到吃靈糧；從一開始輕鬆的新手鍛鍊，進入到吃力的重量訓練。*「我受苦是與我有益，為要使我學習你的律例。」* [26]受苦對我們有益處，這句話對於正在受苦的我們來說，是一點也體會不出來，我們巴不得能立刻移除苦難，因為試煉嚐起來又苦又澀，就像一杯苦茶，卻對生命有益；因為神所要的，正是經歷過許多磨練的你。*「義人多有苦難，但耶和華救他脫離這一切。」* [27]當你受感動大發熱心、受恩典全心稱謝、蒙神眷顧在順境時，大有信心。但當我們遇難沒聽見主的回應、不明白神的旨意時，我們有多少意願，願意堅守那起初的信心，繼續地相信神、等候神？

- 約伯：（見下段）
- 以利亞：以利亞在苦難時也不想活了，他自己在曠野走了一天的路程，來到一棵羅騰樹下，就坐在那裏

求死，說：「*耶和華啊，罷了！求你取我的性命，因為我不勝於我的列祖。*」[28]

- 以色列百姓：「*你也要記念耶和華—你的神在曠野引導你這四十年，是要苦煉你* (英文 NJKV 是說 *要讓你謙卑*)*，試驗你，要知道你心內如何，肯守他的誡命不肯。他苦煉你，任你飢餓，將你和你列祖所不認識的嗎哪賜給你吃，使你知道，人活著不是單靠食物，乃是靠耶和華口裡所出的一切話。*」[29]

5.神的美意，為了榮耀神

- 約瑟：(見下段)
- 拉撒路：主所愛的拉撒路病了。耶穌說：「*這病不至於死，乃是為神的榮耀，叫神的兒子因此得榮耀。*」[30]

6.進神國的過程

「*我們進入神的國，必須經歷許多艱難。*」[31]

7.撒但的攻擊

- 約伯：（見下段）

縱使根據聖經歸納了受苦的原因；是單個、多重、或除此之外的原因，身為有限的人類，我們無法徹底的透析苦難的原貌與全貌。「為什麼世上有許多苦難始終找不到答案？」我無法寫出我測不透或不明白的事，真的只有神知道了。

除了受難的主耶穌，我們一定要聊聊聖經中的約伯與約瑟。看看約伯與約瑟的苦難歷程，他們的結局是美好的、是鼓舞人心的；但真正最困難、最不簡單、也最難熬的，是苦難的過程。

苦難中的約伯

約伯的受苦，是上述的 4 與 7，即「神的試煉與撒但的攻擊」複合因素。約伯式的多重苦難同時並瞬間降臨，並不是一般人可以承受的。*「人生在世必遇患難，如同火星飛騰。」*[32] 約伯是一個正直、敬畏神、遠離惡事的人；當苦難臨到他時，也就是苦難的第一期「衝擊期」，他在瞬間失去了一切：

他失去了所有財產、他的孩子們過世、他失去了健康從頭到腳掌長毒瘡、而他的妻子在他最困難時沒有支持他，反而嫌棄與諷刺他的信仰說：「你仍然持守你的純正嗎？你棄掉神，死了吧！」。約伯仍謙卑的回答：「『唉！難道我們從神手裏得福，不也受禍嗎？』在這一切的事上約伯並不以口犯罪」[33]。如我先前提到，暴風雨前的寧靜。

約伯在苦難的第二期至第三期「沮喪期和黑暗期」極其的痛苦，他沮喪到咒詛自己不如出生那天就斷氣送墳墓死了算了，他從原先不抱怨神，到想要與神理論與辯白。約伯厭惡生命也厭惡自己，約伯這樣形容自己：「我已經像滅絕的爛物，像蟲蛀的衣裳。」[34] 在人生最艱難的時刻，約伯的三個朋友，看到約伯遭受如此大的災難，卻推斷他是犯罪受報應，勸他要向神悔改，朋友雪上加霜、倚老賣老，自認為在安慰約伯，但實際上約伯從朋友那得到的是責備與譏笑，得不到一絲安慰，約伯說：「這樣的話我聽了許多，你們安慰人，反叫人愁煩。」[35]，又說：「我的朋友譏誚我，我卻向神眼淚汪汪。」[36] 約伯在苦難中不被身邊的人理解與體恤，他在落魄時嚐盡了人間冷暖，連他的親戚與密友都與他生疏斷絕，「我平日所愛的人向我翻臉」[37]，約伯的心極其悲傷；但

與眾不同的是，他仍仰望著神說：「*我知道我的救贖主活著*」[38]。

約伯在苦難的第四期至第五期「思想期和驅動期」，透過以利戶智慧的提醒，約伯才發現自己原有的正直，是帶有自以為義的成分，以利戶說：「*約伯啊，你要留心聽，要站立思想神奇妙的作為。*」[39] 約伯剛開始用外界的我、社會的我(也就是別人對他的認識)、及自己不完全了解的我，來試圖超越苦難、與苦難搏鬥；但實際上做不到。**人認定的他，其實不是神要的他**；於是神漸漸拆掉他的包裝，他才看見自己的本我。只有在痛苦中，他才瞭解這是唯一拯救的機會。約伯呼求，他才發現自己可憐與卑微之處，他需要救贖，非常需要救贖。而神要看的正是**真實的我(真我)、苦境中的我、謙虛受教的我**。

最終，神在旋風中與約伯對話；於是約伯謙虛又卑微的說：「*我是卑賤的！我用甚麼回答你呢？只好用手摀口。我說了一次，再不回答；說了兩次，就不再說。*」[40] 這份苦難後的謙虛，與他最初應有盡有的謙虛，在本質上是完全不同的；如同火煉後的純金，是全然的超越。在思想與驅動中，

他徹底的明白，從未領悟的道理和從未認識的自己、也更認識了神。他的苦難，完整地描繪了「世界全失，我還有神」的信仰觀。約伯在經歷試煉後，與神的關係進入到更高的層次，也就是靈性與信仰的昇華。他在真正認識神後，才真正的認識自己，原先的自己是如此的自義、固執與無知；約伯說：「*我從前風聞有你，現在親眼看見你。因此我厭惡自己（或譯：我的言語），在塵土和爐灰中懊悔。*」[41] 至終，神拯救約伯從苦境中轉回，並賜福他比從前所有的加倍豐盛。

在心理學上，自我懷疑或自我厭惡，是不健康的；但在基督信仰中，這是苦難中一道去雜質化會產生的真實過程；它們並非戰勝苦難的工具，而是在苦難過程中常出現的產物。換句話說，在受苦之前，我們往往不願意承認自己的軟弱、無知、與有限的一面。而我們在受苦時，最容易發現「我」，因發現了「痛」，才發現「本我」，才發覺哪裡出了問題。就像生病時我們的器官，大多是因為疼痛感，才感受或重視它的存在。此刻，你「真實的本我」怎麼想？為什麼「本我」在你心裡不斷地呼喊呢？

苦難中的約瑟

約瑟，是我個人在聖經中最喜歡的角色之一；以他的案例，他受苦的原因是上述的 2 與 5，即是「環境因素及神的美意」複合因素。

約瑟說：「*從前你們的意思是要害我，但神的意思原是好的，要保全許多人的性命，成就今日的光景。*」[42] 一個原受疼愛的兒子，被兄弟嫉妒賣為奴隸，被陷害成犯人坐牢；17 年與家人的朝夕相處，換來一場誤會、一份親兄弟們的妒忌；約瑟被賣後，離開家長達 14 年，從 17 到 30 歲這 14 年都處在人生的低點。**他是清白的，但沒有人相信他是清白的。**

約瑟被關，但他也沒解釋他的清白。長年身在異鄉的他，是個外國人，17 到 60 歲他的原則不改變。人生轉捩點是 30 歲，約瑟從一個奴隸、一個囚犯，到被提升當上了全埃及第二大權力的宰相；並在異地表現的非常優秀，甚至超越了所有埃及人；人生最終葬在埃及。約瑟從小到大忠心倚靠神、等候神不曾改變。**苦難，造就了約瑟的靈性和非凡的人生。**

當一個人被描述成「百事順利、神都跟他同在」時，我們會覺得他可憐、會同情他嗎？經文用光明又積極的字眼，

我們也許不覺得他可憐。當仔細地閱讀約瑟一生的故事會發現，事實上，30 歲以前的約瑟是個非常可憐的人、且遭遇越來越下滑(從被賣、為奴、到坐牢)，但約瑟的人生雖患難卻百事順利；這聽起來很矛盾，都在苦難中了為什麼還能稱為順利？為什麼聖經如此描寫淒慘的他是百事順利？因為「神與他同在」，雖然身處各種艱難的環境，但神都親自帶他度過難關、化險為夷。

「耶和華與他(約瑟)同在，他就百事順利。」[43]、*「凡在約瑟手下的事，司獄一概不察，因為耶和華與約瑟同在；耶和華使他所做的盡都順利。」*[44] 司提反這樣描述約瑟：*「先祖(約瑟的兄弟們)嫉妒約瑟，把他賣到埃及去；**神卻與他同在，救他脫離一切苦難**，又使他在埃及王法老面前得恩典，有智慧。法老就派他作埃及國的宰相兼管全家。」*[45]

值得信任的約瑟

主人波提乏(約瑟的老闆)信任約瑟，把事交給他後，主人可以完全放心；波提乏大權大勢，為什麼要找一個外籍人、又是買來的奴隸，當家中的總管呢？不單是因為他的才能好，和擁有美好的品格，值得讓人信任；關鍵是老闆在他身上看

見神與他同在。「*主人見神與他同在，就在主人眼前蒙恩。*」
[46]

戰勝誘惑的約瑟

人生中誘惑無所不在。主母(約瑟的老闆娘)，以目送情給約瑟，但約瑟與她「保持距離」。約瑟戰勝罪的方法是[47]：1. 不聽從她 2.不與她同寢 3.不和她在一處。誘惑主動送上門，但他勇敢拒絕了，為了持守信仰，相當令人欣賞與佩服；也成為基督徒們，在面對誘惑時的模範。究竟，約瑟有什麼值得神那麼疼愛他呢？**神是他做任何決定的最高優先順序。**約瑟說：「*我怎能做這大惡得罪神呢？*」[48]

約瑟的等候與謙卑

約瑟為酒政解夢時 28 歲，酒政忘了約瑟，解夢後仍在牢裡等了 2 年，神的時候才到，神要讓約瑟學習「等候」，而約瑟到 30 歲之前的人生，都在等待。約瑟並沒有抱怨，神的安排與美意，不在眼前。「*這不在乎我，神必將平安的話回答法老。*」[49] 他知道一切的能力來自於神，都是神給(我們)的。

當一個人所擁有的，都是別人給你的，就不算是他個人的巔峰或榮耀了，我們不過是領受的。

約瑟的原諒

約瑟雖然被他兄弟們虧待和背叛，仍不記仇。他選擇原諒他的弟兄，以德報怨、以善報惡，有真基督徒的形象。愛，比自義完全，且更有吸引力。約瑟雖受了傷害，最終並沒有選擇傷害自己的兄弟們。約瑟的前段人生，受了很多委屈。**但他用從神的力量，來赦免、來原諒生命中傷害過自己的人。**在世上，不論任何人想害你、想惡待你；只要敬畏神、抓緊神、持守信仰，不論過程如何的心酸，結果都是好的，也都是對我們最好的。約瑟對他們說：「*不要害怕，我豈能代替神呢？從前你們的意思是要害我，但神的意思原是好的，要保全許多人的性命，成就今日的光景。現在你們不要害怕，我必養活你們和你們的婦人孩子。*」於是約瑟用親愛的話安慰他們。[50]

約瑟的選擇

約瑟面對苦難等待與順服、面對職分是個忠僕、面對誘惑他有原則的勇敢地拒絕惡事、面對榮耀時謙卑不居功的歸給神、面對傷痛他有血有淚的選擇饒恕和憐憫。他高超的品德和原則，是他努力來的，他努力面向神。**約瑟能被神肯定，這才是他人生的高峰。**當世界不斷提倡以利益為標準、以社會潮流為方向時，約瑟的原則是神，**即使眼下他的選擇，反而讓他情況更慘，他仍以神的原則為他的原則。**至於人或社會的原則如何，就不會是他優先的選擇標準。

綜觀約瑟的人生，經歷了被兄弟嫉妒、排擠、出賣與離棄、被老闆娘污衊和誣告、被老闆誤會、最後再被監牢的酒政遺忘。即使一次次悲情的遭遇，他仍一心向著神，至始至終堅持守著信仰，才能走上神為他、為他全家、全族人預備的美意。如果他在苦難的過程中，選擇了不同的路、背棄自己的信仰，就不會當上宰相，拯救家人，走向這條美好的路。故此，我們不要小看自己所處的地點和位置，即使你正處於苦難中，若我們專心敬畏神，凡事都會有神美好的安排。一個神要重用的人，**必定會經過苦難，**來磨練他的心智，更堅定的不偏移左右。約瑟因為愛神，所以凡事以怎麼做神才喜悅來做選擇，**當我們是一個愛神的人，神會永遠愛我們。**

第 3 章 苦難的種類 & 心靈的苦難

苦難的種類

　　凱勒(Keller)的書中提到：「苦難，帶走了我們賴以賦予生命意義的愛、喜樂和舒適。」[51] 失去愛、快樂、舒適，往往令人難以接受。聽到「苦難」二字，我們會聯想到悲慘、不幸、痛苦的事、災難、災禍等。而在聖經中的「苦難」有許多不同的字：

- 「苦難」的舊約希伯來文：「צָרָה」tsarah；指「患難」；意思是困境、危難、困難；使煩惱者。[52]「עֳנִי」`oniy；指「困苦」；意指貧困、悲慘。[53]

- 「苦難」的新約希臘文：「θλῖψις」thlipsis 指「患難」；有壓制、受苦、迫害、磨難；或內心的愁煩、

苦惱的意思。[54]「πάσχω」pascho，指「受害、受苦」；指處於極為險惡的困境、遭受、忍受。[55] 而這個字，常用在為義受逼迫的情況中。當然，除此之外，還有些相似的字，如：

- 「遭患難」的舊約希伯來文：「רע」，指「惡的」；有壞的、不合意的、令人痛苦、悲傷的、傷害、危難、災禍、禍患的意思。[56]

我無意要把書弄的像字典讓你想睡，綜合上述可得知「苦難」有多重與相似的含義，**指著「外來的患難、內在的痛苦、被動的迫害、讓人產生負向的情緒」**等。接下來，我們進一步列舉苦難的 9 個種類，本書簡稱「苦難 9 類」：

1. 生病

人生就像個一體兩面的硬幣，一面是健康、另面是生病。生病，是苦難當中最常見的類型。生病可以是短期的、長期的(久病)、急性的、慢性的、先天的(基因與遺傳)、後天的、傳染性的、非傳染性的、輕微的、重症的等。我們每個人會在不同時刻，生不同的病；基督徒也必然會生病，不論是哪

個層面上。就像在生理(肉體)上，以利沙得了必死的病、保羅有刺、提摩太胃不好；在心理上，亞伯拉罕、大衛、約伯、但以理、耶利米，也都曾經相當憂愁或悲傷。生病是人類生命的自然現象，**但它總是來得很突然，就像常用的東西突然壞掉**，讓人毫無心理準備；可能我們前一秒還好好的，後一秒就生病了，打亂了我們的計劃與腳步。影響我們健康的因素，諸如：經濟、飲用水與營養、環境、就業、教育、養育、社會與文化環境、健康行為、社會保險與福利、司法系統、人際關係、失去摯愛、基本支持群體、創傷事件、生活壓力等。以下聊聊生病的 3 個層面：身體生病、心理與精神生病、靈性生病。

身體生病

草會枯乾、花會凋謝，人帶肉體必然會朽壞。肉體的病，也就是身體生病(或生理疾病)。根據 WHO 所定義的《國際疾病分類標準 ICD 11》[57]，其疾病包含：感染疾病或寄生蟲病(細菌、病毒)、腫瘤(癌症)、血液或造血器官疾病、免疫系統疾病，內分泌疾病[58]，精神、行為或神經發育障礙、睡眠覺醒障礙、神經系統疾病、視覺系統疾病、耳類疾病、循環系統

疾病、呼吸系統疾病、消化系統疾病、皮膚疾病、肌肉骨骼
系統疾病、泌尿生殖系統疾病、發育異常、性健康疾病、婦
產疾病[59]、發育異常、及不可歸類疾病等。生病使我們要看醫
生、跑醫院、接受治療(打針、吃藥、住院、動手術、化療、
復健)等。生病會帶來肉體疼痛或行動不便，而這些疼痛與身
體的不舒服，也會影響到心理。

心理或精神生病

在醫學的定義上，精神、行為與神經發育障礙[60]是一種綜
合徵，其特徵是個人認知、情緒調節或行為臨床上的顯著紊
亂，反映出精神和行為功能基礎的心理、生物或發育過程中
的功能障礙。這些障礙通常與個人、家庭、社會、教育、職
業或其他重要功能領域的困擾或損害有關。簡單的說，**心理
生病，反映在你的意識、情緒和行為上，造成你生活的問題
與困擾**。它會影響我們的身心健康、工作或學校表現、與家
人朋友的關係、經濟生活等。實際上，心理的病就跟感冒一
樣常見，它發生在我們身上或身邊。

心理生病的成因，需要抽絲剝繭或個案討論。它常因

「苦難」誘發、或因「創傷」[61]而引起（如原生家庭、成長環境、過去經歷等），因超越了我們所能承受與負荷，而產生高度衝突與心理傷痕。譬如：緊張症、焦慮與恐懼症、衝動症、抑鬱症、成癮症、疑病症、囤積症、人格障礙、分離障礙(分離遺忘)、飲食障礙(如厭食或貪食)、排泄障礙、睡眠問題[62]等。隨著時代越發進步，人類心理疾病無減反增，高壓快節奏、資訊暴漲、過度忙碌、完美主義、身份轉換、過份壓抑等，各種五花八門的生活壓力；讓人們感到心靈空虛與憂鬱(含產後憂鬱)。

卡拉(Cara)是一位新手媽媽，產後憂鬱症讓她萬般煎熬。她時常沒來由的掉眼淚、疲倦、失眠或嗜睡、對任何事情都提不起勁、覺得自己沒有價值；急躁、憤怒、冷漠、或對身邊的人產生敵意等。但同時她還是非常用心的照顧剛出生的寶寶。當媽媽前，她不喝酒；孩子斷了母奶之後，卻開始喜歡喝酒。她知道酒很苦，但比起酒，她的生活更加苦澀。卡拉寧願喝下苦味，換來後勁的放鬆與逃避感，因為她沒地方可去、更沒人可說，以無聲呻吟內心的苦情。她常常在先生與孩子都熟睡時，獨自一人坐在客廳的沙發上飲酒，那是她唯一能歇息的時刻。喝醉後醉意朦朧，她借酒澆愁以逃避現

實與身份，讓渾身充滿壓力與枯竭的自己，暫時放鬆、忘卻生活的煩惱；她喝酒不是快樂的在慶祝什麼，反而是因為她非常的不快樂。

　　憂鬱是個人心理或心靈的苦楚；不快樂、沒有安全感(不安)、缺乏信任感(不信)、內心孤單寂寞等。抑鬱症(憂鬱症)是現代人十分普遍的心理疾病。近年來因為新冠疫情，讓全世界的心理疾病都提高了(憂鬱症、焦慮症、自殺傾向等)。所羅門王說：「人有疾病，心能忍耐；心靈憂傷，誰能承當呢？」 *63*

　　精神生病，則泛指較嚴重的心理生病；在思想、情感、與行為上產生巨大矛盾；換句話說，就是與周遭環境產生嚴重的失調；產生妄想、幻想、錯覺、自言自語、行為怪異、攻擊他人等。常見的精神病症像是：妄想症、精神分裂症、強迫症、躁狂抑鬱症、原發性精神病等等。

　　此外，神經障礙，例如：神經發育障礙(智力發育障礙、語言發育障礙、學習障礙等)、及神經認知障礙(如：健忘症、失智症(也稱痴呆症)、阿茲海默症)。失智症，常出現記憶力

衰退、情緒低落的憂鬱症狀、被害妄想等現象。而阿茲海默症和其他失智症已成為全球第七大死亡原因；在高收入國家，阿茲海默症和其他失智症導致的死亡人數增加，成為第二大死因[64]。

靈性生病

談到靈性生病，無可厚非會從宗教信仰角度切入。靈性生病往往在於價值觀與人生觀的迷失、與神的關係不佳、與人的關係不好、悟性上的病等；或者觸及到靈性、靈界的事物。有靈性的病，自然有赦罪型治病，主醫治攤子第一句說：*「小子，你的罪赦了」*[65] 而不是「小子，你的病得醫治了」病有很多可能，不見得全是生理或心理的病；也有因為靈性與犯罪而得的病；在悔改赦罪後能得到痊癒 (主若願意，容我未來再寫一本與「罪」有關的書)。

心理與心靈的病是在人裡頭的，外表也許可以或也許無法看得出來。不論我們個人或身邊的人，生的是上述哪種病，我們都不要因此灰心，別擔心！一定可以面對與度過的。某種程度而言，**我們每個人都是病人**(曾是或將會是)，不管你是

誰、你住哪、多麼認真的保健身體、不管財富地位如何，沒有一個人可以永遠不生病、不死亡。耶穌這樣安慰我們說：

「無病的人用不著醫生；有病的人才用得著。我來本不是召義人悔改，乃是召罪人悔改。」 [66]

2. 意外

多少安居樂業，幸福的大家庭、小家庭，因遇見災難或迫害，一時之間，家沒了、眼前的整個世界都變了。被迫分離、遷徙、流亡，在異鄉成為了難民。過去的積累、資源、熟悉的人事物，一切從零開始。世界上的苦難，不會越來越少。人們仰賴人與政治的力量，盼望著領導人能給世界帶來真正全然的和平，有時卻難免失望。

最接近時下的大災難，莫過於 2020 年的全球新冠病毒疫情(還沒結束)，及 2022 年 2 月俄國攻打烏克蘭之戰(正在開始)，不論是俄國或烏克蘭人民，甚至全世界的人，都不願意看見，在這 21 世紀的文明時代，用這種不文明的軍事手段來達到政治目的。

意外的苦難(天災或人禍)，例如：

- 自然災難：瘟疫(全球大流行/病毒)、飢荒、地震、海嘯、水災、火災、雪災(雪崩)、山崩、乾旱、冰雹、龍捲風、閃電(電擊)、火山噴發等。

- 不可知人為事件：交通事故(車禍、空難、海難、船難、溺水)、醫療事故(生產意外、醫療意外)；其他意外(跌倒、失火、墜樓、觸毒、呼吸中止)等。

- 蓄意型人禍：性虐待(性騷擾、性侵、強暴、強姦、戀童)、虐待(身體虐待、心理虐待)、暴力(語言暴力、肢體暴力)、受攻擊(或恐怖攻擊)、兇殺(殺人、自殺)、戰爭、社會與國家動盪等。其中，家暴也是屬於意外傷害。

史黛西(Stacy)與韋德(Wade)在外人看來是一對登對的夫妻，育有 2 子；史黛西是位溫柔賢淑的女士，彬彬有禮的紳士則是韋德給人的印象。但實際上夫妻倆貌合神離，史黛西在家屢次被丈夫家暴，夫妻僅存的既不是愛情、也不是親情，而是責任與恐懼。只要韋德壓力上來，情緒失控，或喝醉了酒；史黛西就會遭受到韋德蹂躪與謾罵，爆粗口說盡各種難聽的話，把妻子罵得一無是處：「你這爛貨！我看到你就火大，你怎麼不去死一死！」接著毫不留情的打耳光、拳打腳踢、

將她推倒在地；有時拿木棍打人、或隨手抓起玻璃杯砸人，再溫馨的居家用品，都成了可怕的武器。

韋德把工作、生活、經濟上積累的所有負面情緒，全都回家發洩在妻子身上；但一踏出門，他仍然演繹著一位紳士。妻子大錯沒犯，頂多燒的菜沒那麼好吃。為了孩子，她忍氣吞身、故作堅強，這一忍，就是 10 年。傷痕累累的史黛西，曾連牙齒都被打掉了。夫妻以為兒子們對這一切不知情，事實上，在施暴時，2 個兒子早已害怕的躲在衣櫥裡，不敢吭聲。每次施暴後，史黛西會躲起來牆角抱頭一邊發抖、一邊哭泣。比起她身上的幾道傷痕，內心的傷早已不計其數。

平時丈夫上班、兒子們上學時，或全家都入睡時，史黛西會躲起來偷哭。每每想到丈夫猙獰又兇殘施暴的對話與畫面，她的雙眼如水龍頭般根本止不住。回想婚禮時，韋德對曾對史黛西的父親說：「今後請把女兒的幸福交給我！我會珍惜她、保護她，不讓她受到任何傷害。」甜蜜的承諾顯得格外諷刺、透骨酸心。

史黛西有天接孩子們放學，小兒子對媽媽說：「媽媽別怕，等我長大，我會保護妳！」丈夫則以情緒勒索，不斷道

歉求饒：「對不起，我會改…。」，宣稱自己與兒子們很需要史黛西，使得好不容易鼓起勇氣尋求外界幫助的她，又再次心軟，回到這日日夜夜想逃離的家，「家，不應該是溫暖的避風港嗎？怎成了我最畏懼與傷痛的地方？」她好想逃、逃得遠遠的，但她不知道可以去哪裡、她不知道究竟該怎麼辦…。

3. 失去摯愛

失去摯愛，指摯愛離世、與摯愛分開、摯愛缺失或失蹤。(摯愛包含家人、朋友、寵物) 根據世衛指出，全球十大死亡原因[67] (由高到低)為：1.缺血性心臟病、2.中風、3.慢性阻塞性肺病、4.下呼吸道感染、5.新生兒疾病、6.氣管癌、支氣管癌、肺癌，7.阿茲海默症和其他失智症、8.腹瀉病、9.糖尿病、10.腎病。

世界上大部分的痛苦，在痛苦結束後，苦楚也就雨過天晴了，就像女人在生產時疼痛，嬰兒出生後也就忘卻苦痛；但只有失去摯愛時，痛苦會持續著。

失去摯愛，是人生中最悲痛的事。喪親之痛的崩潰、悲傷、絕望、心碎，如同徹底進入黑暗，是無法用任何文字徹

底描述的極致哀痛。在悼念期間，也許我們會禮貌、平靜、正向的回應來自各方的關切，也明白大家的關心與問候都是出於好意，且心存感激；但當我們與最信任、最熟悉的人談到摯愛的離開，或是一個人獨處時，摯愛離開的真實感、各種回憶與緬懷的湧現，一看見摯愛的照片就會想落淚，讓自己眼淚完全止不住的潰堤了。

彷彿將一生的眼淚用盡了、哭乾了；濃烈的思念，難受的使你夜不能寐。特別當離世他或她，是我們生命中的摯愛時，這要怎麼讓人接受呢？即使我們知道再多「應該」怎麼做、應該怎麼想，相信他或她是到美好的地方，揣摩其中的意義；我們仍舊無法輕易的消化，這種真實而錐心刺骨的哀痛。

我們甚至會感到無奈、自責或埋怨，但不管怎麼掙扎，也完全無法改變失去摯愛的事實；於是我們選擇默默地承受，沒有他或她的日子是如此的煎熬。懷舊著與摯愛的點滴，直到悼念期一天天過去...我們才漸漸的走出來，繼續勇敢地活著、好好的活著。不是淡化了思念，思念依舊，只是慢慢接受了他或她真的離開了世界。「在耶和華眼中，看聖民之死極為寶貴。」[68]、「我實實在在地告訴你們，一粒麥子不落在地裡死了，仍舊是一粒，若是死了，就結出許多子粒來。」[69] 終

有一天，我們都會與摯愛分開…，或是父母、伴侶、兒女、摯友，這讓人難以接受也不想接受的事。

　　阿曼達(Amanda)是父親最心愛的小公主和掌上明珠，父親對她疼愛有佳、說話也格外溫柔；時常切水果給寶貝女兒吃。阿曼達從小就喜歡與爸爸撒嬌，只要她開口需要爸爸幫忙時，她父親一定有求必應、從不曾拒絕她。在一場大病之後，阿曼達的父親過世了…。阿曼達彷彿失去了避風港般，內心十分傷痛、非常想念爸爸。父親剛走不久，她不想去觸碰內心那塊滿地碎片的小角落；盡量讓自己保持原有的正常生活。但常常不小心瞬間瓦解、想念到哭泣，阿曼達說：「爸爸是這個世界上，最不忍心看我難過的人。」她好想再抱抱爸爸，跟爸爸說：「沒有你打呼的日子，媽睡的很不好。你走了之後，媽常在煮好晚餐後，習慣性喊一聲：『親愛的，吃飯囉！』才赫然發現你已經不在了。」好想在迷惘時問問爸的意見、她好想再跟爸爸多說幾次：「能當你的女兒，是全天下最幸福的事。爸爸，我好想你、好愛你！」或者…一次都好。

　　過了些年，仍舊思念，只能翻閱著父親生前的照片、影

片、對話紀錄、和手寫的卡片，勾起許多美好的回憶；感到溫馨時，邊看邊笑；覺得感傷時，臉龐不禁兩行淚落下。合起相簿、放在珍貴的位置，繼續勇敢的開啟新的一天。阿曼達深信，爸爸只是先去了永遠的家，未來她一定會與爸爸再見面，這讓阿曼達充滿安慰與盼望。

4. 看著摯愛受苦

當你所愛的人病了，你會感到壓力。世界上最讓人心痛的事，就是為人父母看著自己的孩子遭遇苦難(或生病)，自己心急如焚，卻束手無策、無能為力。再也沒有什麼，比看著自己的孩子受肉體的苦與心理的傷，更難過與難受的事情了。作為父母，會積極的用盡一切方法，減輕或挪去孩子的痛苦，我們恨不得能代替孩子來受苦。父母在孩子生病時，難免會感到內疚，眼淚已經無法訴說他們的心痛；我們哭到沒有眼淚，夾雜的堅強與心碎，唯一也是最平凡的心願，是孩子能健康快樂地活著。電影《來自天堂的奇蹟》"Miracles from Heaven"正是描述這種看著孩子受生病之苦的心情。

哀慟是八福之一，指極度傷心、悲痛欲絕。因為愛的很

深，在對方受苦時你為他或她心疼，在失去對方時你痛徹心扉。哀慟的背後，有積極的意義與價值。不論你是因為失去摯愛，或看著摯愛受苦，而哀慟的傷心欲絕，耶穌說：「*哀慟的人有福了！因為他們必得安慰。*」[70]

5. 志向失意

失業/沒工作(我將分享我的故事，見第 4 章)、找不到工作、考試失意、學業不如意、天賦不得志、能力匱乏。

6. 情感失意

這段指與親近者的關係失意。從愛情、親情、友情等角度：像是失戀、離婚、真愛難尋/非自願獨身、被拋棄、被背叛、被騙感情、婚姻破壞；情感孤寂與孤獨、與最親近的人不和睦（如：夫妻吵架、親子關係破裂、弟兄姐妹不和睦、摯友絕交等。）

7. 社交失意

在校園、職場、團體、社會中；社交孤立、人際關係困難、被霸凌、被排擠、被邊緣、受歧視與鄙視、沒有影響力。

8. 經濟困難

貧窮(飽足問題)、金融危機、經濟不景氣、資金虧損、財務危機、投資失敗、欠債、被騙財、無家可歸。

當你陷入經濟的困境、沒有收入、繳不出賬單、沒錢吃飯、沒錢繳房租時；深刻的體會那種為經濟所苦、不確定下一餐是否有著落；彷彿一隻無殼的蝸牛，沒有安穩的棲息之處。有時你最愛的親人，正巧是你最大的財務壓力源。

9. 為信仰(義)受逼迫

為義受逼迫是八福之一。即為了信仰的緣故，受到迫害與磨難。在耶穌死而復活，第三次向門徒顯現時，耶穌有跟彼得預告過，耶穌說：「*我實實在在地告訴你，你年少的時候，自己束上帶子，隨意往來；但年老的時候，你要伸出手*

來，別人要把你束上，帶你到不願意去的地方。」[71] 在這以後，彼得得著聖靈的能力，為主講道、傳福音、成為教會的磐石；但也為了信仰的緣故，被希律王抓到監牢裡；彼得雖然被鐵鍊鎖著，仍可以平安地睡著。「*天使拍彼得的肋旁，拍醒了他。*」[72] 鐵鍊脫落，天使隨即救彼得出監牢。耶穌曾說過：「*為義受逼迫的人有福了！因為天國是他們的。*」[73]

保羅也經歷過，這是主在異象中揀選保羅的一段話：「*他是我所揀選的器皿，要在外邦人和君王，並以色列人面前宣揚我的名。我也要指示他，為我的名必須受許多的苦難。*」[74] 保羅晚年勉勵提摩太說：「*為這緣故，我也受這些苦難。然而我不以為恥；因為知道我所信的是誰，也深信他能保全我所交付他的 (或譯：他所交託我的)，直到那日。*」[75]，又說：「*你要和我同受苦難，好像基督耶穌的精兵。*」[76] 因此，基督精兵們也會遇見為耶穌受苦或受逼迫的處境。

心靈的苦難

大衛在詩篇中描述了苦難的心境：「*我心也大大地驚惶。耶和華啊，你要到幾時才救我呢？*」[77]、「*耶和華啊，你為*

71

甚麼站在遠處？在患難的時候為甚麼隱藏？」[78]、「*耶和華啊，你忘記我要到幾時呢？要到永遠嗎？你掩面不顧我要到幾時呢？*」[79]、「*你為何掩面，不顧我們所遭的苦難和所受的欺壓？*」[80]

亞薩的詩說：「*神啊，你為何永遠丟棄我們呢？你為何向你草場的羊發怒，如煙冒出呢？*」[81]、「*難道主要永遠丟棄我，不再施恩嗎？*」[82]

可拉後裔的詩說：「*耶和華啊，你為何丟棄我？為何掩面不顧我？*」[83]

在苦難中，你是否與詩人一樣，曾產生類似的疑問呢？

軟弱

如你願意，回想自己信仰最剛強與最軟弱，分別是幾歲時？當時發生了什麼事？是什麼狀態與原因，讓我們選擇靠近或漸漸離開主？生活上的不足與缺乏，容易導致我們信仰的軟弱；負面聲音聽太多，人的信心也會軟弱。人在相當痛苦與相當順利的兩種極端，都容易顯露出人類的本性與弱點。

　　若一個人信仰久了，有可能慢慢的失去目標，變成得過且過的溫水人。沒了目標的崇拜或聚會，就變成形式化，軀殼是參與的，內心卻是空的，成了貌合神離的信徒。不管我們信主幾年、是否熟悉聖經；若失去謹慎的心、自認為明白與剛強，容易一失足成千古恨。因為信仰就好像在爬樓梯，爬的越高但放心大意，就跌下來了。

　　耶穌曾說過十個童女的比喻[84]：這是在描述十個童女（五個愚拙和五個聰明的童女），拿著燈迎接新郎「*愚拙的拿著燈卻不預備油；聰明的拿著燈，又預備油在器皿裡。*」[85] 新郎延遲時，她們都睡著了。半夜新郎來了；愚拙的才跑去買油；但太遲了，新郎一來門就關上了。「*所以你們要警醒；因為那日子，那時辰，你們不知道。*」[86] 這意味著在屬靈上提早做準備。我們的燈還亮著嗎？若是亮著，我們的燈油，足夠使燈亮到最後一刻嗎？

坦承軟弱

　　也許我們最大的軟弱，並非身處在軟弱之中，而是不願意坦承自己的軟弱；畢竟要說自己肚子痛，比說出自己心碎，

要來的容易。事實上，每個人都有軟弱之處，願意坦承自己**軟弱的人，都不是那些真正最軟弱的人**，他們謙卑並願意時刻反省。坦承軟弱，我們才更懂的依靠神。神所愛的聖徒們也軟弱過。

大衛王在軟弱時向神禱告說：「*耶和華啊，求你可憐我，因為我軟弱。耶和華啊，求你醫治我，因為我的骨頭發戰。*」[87] 而當主改變容貌放光時，耶穌身邊最親近的三個門徒(彼得、約翰、雅各)沒看見，在神顯榮耀與恩典時，我們也許跟門徒一樣都在打瞌睡[88]。保羅也只誇自己的軟弱和十字架：「*他對我說：「我的恩典夠你用的，因為我的能力是在人的軟弱上顯得完全。」所以，我更喜歡誇自己的軟弱，好叫基督的能力覆庇我。*」[89]、「*但我斷不以別的誇口，只誇我們主耶穌基督的十字架。*」[90]

當我們在最困難、不足與軟弱時，不要怕到神面前，全都跟神說。即使我們逞強好勝的想當個超人，也不可能 24 小時不卸下超人裝備，隨時剛強；尤其**我們帶著肉體，真的很軟弱**；非到出了什麼問題，才引我們重視最本質的東西。若我們現在正處在軟弱之中，別洩氣！神才不會因為我們軟弱

而責備我們。祂愛你、呵護著你，即使全世界人都不了解。無論這軟弱是情感、創傷、失落、沮喪、疑惑，不管它是什麼，神都依舊守護著你，神完全的接納你這顆有血有肉又真實的心；**耶穌能夠體恤我們的軟弱，因為祂也經歷過。**「*因我們的大祭司並非不能體恤我們的軟弱。他也曾凡事受過試探，與我們一樣，只是他沒有犯罪。*」[91] 即使在軟弱之中，仍堅持不犯罪，是戰勝軟弱的關鍵點。「*他能體諒那愚蒙的和失迷的人，因為他自己也是被軟弱所困。*」[92]

神甚至揀選了軟弱的我們，「*神卻揀選了世上愚拙的，叫有智慧的羞愧；又揀選了世上軟弱的，叫那強壯的羞愧。*」[93] 當軟弱的時段過去了，門徒們得到了力量，也變得更加剛強。保羅說：「*因我甚麼時候軟弱，甚麼時候就剛強了。*」[94] 你也不例外，**你的軟弱會過去，剛強會留下。**

空虛

多的空虛—所羅門王

物質豐富程度與心靈空虛程度成正比嗎？不見得，但人們常這樣相提並論。一個什麼都沒有的人，說人生是虛空或

空虛，你可以不必理他，因為聽起來真的沒什麼說服力；但所羅門王[95]曾擁有與經歷過大部分人類嚮往的一切，**他擁有聰明智慧、榮華富貴、權力地位**；但到了晚年他卻說：「*虛空的虛空，虛空的虛空，凡事都是虛空。*」[96]

所羅門在耶路撒冷作以色列眾人的王共 40 年[97]，他花了 20 年建造了聖殿與王宮[98]；「*所羅門王的財寶與智慧勝過天下的列王*」[99]，許多王想聽神給他的智慧，帶著金銀和貢物來求見他。「*所羅門每年所得的金子共有 666 他連得*」[100]；這裡我們來上個數學課，1 他連得(a talent) = 33 公斤黃金(33kg gold) = 125 萬美金(1.25 million)；也就是說 666 他連得，相當於 8.325 億美元的年收入，這在古時代[101]是不得了的多。除此之外，所羅門擁有 4,000 個馬棚給馬與馬車、12,000 馬兵、宮裡的一切飲器都是黃金製成，黎巴嫩林宮裡的一切器皿都是精金的。用現代的比喻就是有 4,000 台車與車庫、12000 個司機或保鑣、他家所有的餐具全是黃金做的、所有的器皿都是純金做的[102]。許多人一生所擁有的黃金，可能都不夠做一個金杯子。當然，智慧的他也善於寫作；年輕寫雅歌、中年寫箴言、老年寫傳道書；最終成為聖經中的其中三本書卷。

簡單來說,論財富他富可敵國、論智慧他空前絕後、論權力、地位、名氣他所向無敵。**但為什麼擁有一切的所羅門王,最終會說虛空的虛空呢?** 虛空的虛空,希伯來原文是一口氣、蒸氣、白費地意思。蒸汽的特性是**消失極快**,所羅門王體會到稍縱即逝,也明白這一切都不具有終極價值。當人在至高處時,其實是很寂寞的,能聊的來的人會越來越少,因為視野、格局、話題不同。我們所擁有與追求的一切,就好像泡泡一樣,又薄又空,出現片刻就破滅了。無論何人、何事、何物,皆是起,接著滅。即使是富比士(Forbes)榜上鉅富們,也有各自的心靈之苦,繼承權與財產權的爭奪戰、兄弟姐妹的不和睦、龐大管理與經營壓力、家族相聚不易等箇中滋味。

多的空虛—現代人

現代人比上個世紀的人,擁有好幾倍的物質生活,用手機點一點,食衣住行等需求,輕鬆快速地送達你家門口。有部德國電影《一百樣東西》"100 Things",男主角是科技哥保羅(Paul)(不是聖經裡的使徒保羅,只是同名)。電影提到,保羅的曾祖父母經過一戰只有 57 件東西、保羅的祖父母只有

200 件東西、保羅的父母有 650 樣東西；而現代人平均擁有 10000 個東西。孫子保羅問祖母：「妳的快樂是那麼的簡單，妳以前什麼都沒有，妳也快樂；我們擁有一切，我們沒理由不快樂。」但科技哥保羅並不快樂。

換句話說，現代人什麼都有，什麼物質都不缺乏，但為何有著矛盾感：「為什麼我的快樂卻那麼短暫呢？為什麼我的內心時常感到空虛與迷惘呢？」很顯然，資本社會的物質主義，可以帶給你短暫的快樂，卻不是快樂的泉源。我們被大量的廣告、科技、數據的演算法推送洗腦，認為眼前的這一切可以帶給我們幸福快樂。最困難的不是困難的工作，而是不知道下一步該怎麼做、該怎麼走？如今，我們處在一個物質越來越豐碩、科技越來越發達；但心靈越來越枯萎，方向越來越迷惘的時代。

還記得我在大學時期，當選了院傑出青年與校園十大傑出青年。頒獎典禮那天，我的家人與朋友們出席參加我人生重要的時刻；典禮與宴會結束後，我與好朋友們，到河堤邊喝了一點冰火氣泡酒以示慶祝。明明是在慶祝，我卻感到特別的空虛，於是我空虛的哭了；朋友笑我傻，說：「得獎了

應該開心，有什麼好空虛的呢？」當然，我知道這聽起來有
點可笑，畢竟十大傑出青年不是什麼了不起的獎；但對當時
大四的我來說，已經是最高殊榮了，我在空虛什麼呢？那天
是我人生第一次深刻的體會到，原來人得了獎、達到目標後，
真的會有空虛感。

　　當你達成目標或當你自由了，也許你成家立業、結婚生
子；也許你達成了一生的夢想或成就；或者工作幾十年後終
於退休了，你可能也會感到一陣空虛，不禁懷疑的問自己：
「為什麼我有點憂鬱？為什麼我不太開心？」、「為什麼我
明明擁有很多，卻無法滿足呢？」、「這真的是我要的嗎？
人生的意義是什麼？人生更高或終極的價值是什麼？」你發
現你開始問自己更大、更深、更形而上的人生問題。那麼恭
喜你！你正進入更深層的心靈超越。我並不是說空虛這件事
有什麼好恭喜的，而是當你意識到「空虛」，它將成為你的
推力，驅動你邁向更高的悟性，去追求終極的價值。

　　當我們所做的一切，沒有跟最深層的內在價值(信念或信
仰)連結上時，我們會覺得很空虛。你或許會想：「這一直就
是我想要的，我所夢寐以求的，為什麼會空虛呢？」因為我

們所追求的，似乎是世界要的、眾人要的、主流社會推崇的，不是你最深的內在要的；或說那是「舊我」要的，不是「新我、真我、或神要的」；亦或許這一切都真真切切是你想要的，但當你得到的那一刻，你赫然發現，原來還有更高的價值存在。

耶穌和撒馬利亞婦人—活水

我們以為喝了這瓶水就不渴了，當下確實止了渴，隔天卻仍舊感到渴；而這瓶世界給我們的水，諸如世上的成就、財富、夢想、幸福、快樂，或者是你常喝的可樂、珍珠奶茶、咖啡、礦泉水，我並不是說這些東西不重要，它們當然是重要的；而是即使獲得了，也無法讓人徹徹底底的止渴，還會渴，可能渴的更屬害。

耶穌回答說：「凡喝這水的還要再渴；人若喝我所賜的水就永遠不渴。我所賜的水要在他裡頭成為泉源，直湧到永生。」[103] 這是取自聖經一段耶穌和撒馬利亞婦人(Samaria)的對話。耶穌去加利利的路上必須經過撒馬利亞，因為走路困

乏，大約中午時耶穌坐在井旁，剛好有個撒馬利亞婦人來打水，耶穌就對她說：「*請你給我水喝。*」接著他們倆開始對話。其實耶穌渴不渴不是重點，重點是，**耶穌是要解決這撒馬利亞婦人心中深沈的渴，因此耶穌藉著喝水，說出「活水」的道理。**事實上，在耶穌的時代，猶太人與撒馬利亞人並沒有來往，因為在猶太傳統裡，是不允許與外邦人來往的；但耶穌仍與她說話，仍傳真理給她。「*神所潔淨的，你不可以當作俗物。無論什麼人都不可以看作俗或不潔淨的。*」[104] 因此，若是可行，放下限制住我們傳福音的條條框框，抓緊救人的機會；條規是死的，人是活的。

再回到這段歷史，這能讓我們永遠不渴的活水，到底是什麼呢？耶穌說：「*婦人，你當信我，時候將到，你們拜父，也不在這山上，也不在耶路撒冷。*」[105] **我們相信主耶穌，並用心靈和誠實來敬拜耶穌，就必得到活水，讓我們永遠不再渴。**

2015 年的一次安息日聚會，我就在咀嚼著這段比喻與經文，心裡想著：「在未來，是否敬拜主也不在殿(教會)了呢？而是以心靈和誠實拜神？」我當時實在無法理解，因為我從

小到大，每個週末都在教會裡敬拜神守安息日。於是，在 2020 年全球爆發新冠病毒大流行，基督徒都沒有辦法如以往到教會裡敬拜神，取而代之在家裡守安息日，此時我就真真切切地體悟到這句經文的含義。「*時候將到，如今就是了，那真正拜父的，要用心靈和誠實拜他，因為父要這樣的人拜他。*」[106]

倘若你已經達到你人生的大大小小的目標與夢想，你仍覺得渴、空虛、心裡有個空洞、或哪裡不對勁，就像這曾經有過 5 個丈夫的撒馬利亞婦人一樣；那你可以試試看尋找耶穌賜的活水與生命的糧。若是你已經找到耶穌賜的活水和生命的糧，那不妨開始尋找你人生的終極使命和天賦、也就是神的呼召，這立志行動永遠不嫌晚，不論你是 30 歲、60 歲還是 80 歲，你會有意想不到的收穫。

懷疑與思考

不確定

相信與不相信猶如天平的兩端，它們都有明確的立場；

朦朧的是遊走在相信與不相信之間，那份懷疑或不確定感。
人最怕的就是不確定感，它讓人很掙扎、迷惘，讓人沒有自
信，於是焦慮感揮之不去，這是非常真實與普遍的心靈狀態。
有的人非常確定自己下一步要往哪裡走、想做什麼、該做什
麼；但大部分人並非如此，尤其當我們的生活，發生大幅度
的改變時（例如：搬家、轉學、孩子離家、退休、移民等），
或遇到苦難時，我們的不確定感會油然而生。好消息是，並
非所有的不確定感都不能解決，當你的確定感指數增加、不
確定感也會漸漸相對削弱或消失。切換到信仰，許多問題的
根源是人對自己所信的不安與沒自信；我們若對信仰或信念
有自信並且堅信的話，我們會敞開的跟人們互動。

　　但實際上，並不是所有人都對信仰都有著十足的確定感。
正在閱讀的你在宗教信仰上，可能是個無神論者(Antitheism)、
或不可知論者(Agnosticism)、或多神論者(Polytheism)、或泛神
論者(Pantheism)、或懷疑論者(Skepticism)、或一神論者
(Monotheism)。你說：「所有的宗教都是一樣的，都有相同的
效果。」甚至坦誠地表示：「我不知道自己該信仰什麼…。」

懷疑

隨著信仰越發的成熟，我們不再總是跟隨別人的理解，而是去尋求自己的理解。科學的普及與知識的進步，使人類對感官經驗與超自然的因素，抱持著非常懷疑的看法。

人在苦難當中，時間若越長、回應若越遲，人會越加懷疑。不論是為了懷疑而懷疑、懷疑、或過度壓抑的懷疑。當你有懷疑時，至少你誠實的面對懷疑的狀態；因為誠實的懷疑總比偽裝的相信好。緩下來，先不急著下定論，去找答案吧！為釐清你所不解的、疑惑的、懷疑的、與不確定的事物 (不確定感)，去尋找答案，也是一種真實穩固的信仰模式。

耶穌的門徒多馬也遇到過，多馬是 12 門徒之一，後人常拿他作為聖經中懷疑主義的案例，在耶穌復活向門徒顯現時：*「耶穌來的時候，他(多馬)沒有和他們同在。那些門徒就對他說：『我們已經看見主了。』多馬卻說：『我非看見他手上的釘痕，用指頭探入那釘痕，又用手探入他的肋旁，我總不信。』過了八日，門徒又在屋裡，多馬也和他們同在，門都關了。耶穌來，站在當中說：『願你們平安！』就對多馬說：『伸過你的指頭來，摸（原文是看）我的手；伸出你的手來，探入我的肋旁。不要疑惑，總要信！』多馬說：『我的主！我的神！』耶穌對他說：「你因看見了我才信；那沒有看見*

就信的有福了。」[107] 簡單的說，多馬不相信其他門徒的說詞，他非要親自看見和親手觸碰才相信耶穌有復活；耶穌愛門徒（包括多馬），再次向他們顯現，耶穌說：「*不要疑惑，總要信！*」多馬因為看見又摸了耶穌，就相信了； 耶穌親口說：「*那沒看見就信的有福了。*」

當我們年紀還小的時候，我們既單純又可愛，我們可能不太會去思考或挑戰太多。但隨著年紀或心智的增長，當你上了大學、成年後、或在信仰上脫離喝靈奶開始吃靈糧了，你會進入「全然獨立思考」的階段，如果你從來沒有任何不確定、疑問、與懷疑，你可以跳過這一章。倘若你有，你可能會經歷開始懷疑自己的信仰與宗教、也許你會好奇的想要認識其他宗教與其他神觀、你會想要驗證更多的事實與真相、你會想要聽聽更多不同角度的看法。不要害怕！你不是怪胎，你並不寂寞，許多基督徒都真實的經歷過這個階段。此刻，更要真實的面對它，去尋找答案。

我們無須懷疑自己或別人正在懷疑的懷疑，這懷疑是真實的存在。**你需要證明正是因為你心中有懷疑。**人在疑惑的時候，會進一步去查證(如參考可信度高的文獻、權威的研究

結果、科學的數據等），以找出理性的證明來做下一步決定的依據；或者像多馬一樣需要親自體驗的證明。

彼得因見風甚大，就害怕，將要沉下去時，彼得便喊著說：「*主啊，救我！*」，*耶穌趕緊伸手拉住他，說：「你這個小信的人哪，為什麼疑惑呢？*」[108] 人生常有很多時候，讓人意志消沉、提不起勁、更摸不著頭緒。當時間一久，看不見明確的方向、處境十分困難、又處在劣勢時；我們會漸漸對自己產生懷疑、對當下的方向產生疑惑，信心與你過去所堅信的也會跟著動搖或縮小，就好像一連串的骨牌效應。我們眼前的處境與微薄的信心，讓我們疑惑了。耶穌教我們最好的處理方法，就是**先相信神！**（見第 8 章）有時候神沒有即時回應我們的問題，是因為祂希望我們「先」對祂有信心；至於相不相信，由你來決定。

疑問

別擔心你質疑的問題會不會使你邊緣或另類，因為無數前輩都質疑過了。當我們有疑問且動機純粹時，就勇敢地提出疑問、用心地去找答案吧！因我們真的不明白、想要弄清

楚、想要學習與成長；持有一顆上進與謙卑的心，神是知道
的。當耶穌還是個 12 歲的孩子時，他在耶路撒冷聖殿中「*坐*
在教師中間，一面聽，一面問。」[109] 耶穌給我們做了最良好
的示範，他所聽進去的東西，有同步的思考與消化，不然他
就不會提問了。也就是說，**耶穌善用思考與開放問答**，一邊
吸收也一邊提問，年紀小小的耶穌，積極進取並踴躍提問。

耶穌明明白白為我們做了互動與問答的榜樣，**神沒有要**
我們每個人都變成無聲機器人、模板罐頭人。耶穌在世傳福
音時，大方的回應身邊的每一個人。多馬在不明白的時候向
耶穌發問：「*主啊，我們不知道你往哪裡去，怎麼知道那條*
路呢？」，耶穌說：「*我就是道路、真理、生命；若不藉著*
我，沒有人能到父那裡去。」[110] 有些問題的答案是很清晰的，
我們心中的很多問號，不是因為我們讀得太多，而是我們讀
得還不夠多。或者即使我們讀了很多，但沒有消化轉化成生
活應用。就像一隻鸚鵡，純粹把自己聽見的念出來，卻不知
道牠復讀的內容涵義為何。

當你聽見身邊有人提出一個好問題時，如果你不介意，
先別下意識或衝動的為了反對而反對，放寬心仔細的想想看

對方的角度，再溫柔的回應。我們在回應問題時，是讓自己
和別人釐清；還是答非所問，讓人越釐越不清呢？耶穌每一
次回應問題時，對答如流、簡明扼要、一針見血。

　　你有沒有遇過像機關槍噠噠噠拋出連環質問的人？他或
她可能是個醫生、客服人員、或你的好朋友，想針對你的需
要和需求，積極的幫助你解決問題。你知道他追根究底是在
幫助你，在這種情況下，你或許會感到安心，因為他比你還
在意你的在意。而另一種連環質問者，則是會讓受質問者有
壓迫感；事實上，質問方已經具備明確的立場，他的答案是
已知的。這常出現在對立的兩端，例如：政府執政黨與在野
黨在議會或立法院的質問、法院打官司時律師們的質問、警
方質問嫌犯等等場合；但在日常生活中，人若帶著惡意的動
機，連環式質問與家人朋友對話，這種發問，則會讓人感到
非常的不舒適。聖經中的文士與法利賽人，就是典型的後者，
他們提出疑問的動機，是為了驕傲的表現自己有多厲害、辯
論、把人問倒、讓人難堪。驕傲式的挖洞型提問，每一題都
是城府、每一題都有陷阱。當然，耶穌毫無壓力因為耶穌知
道答案、知道怎麼回答、也看穿他們質問背後的惡意動機。

思考

什麼樣的人，會不禁思考的回答官方答案呢？他或她可能從小受到盲目服從的洗腦鍛鍊、成長在專制的環境下被單向的灌輸、他的 PDI 權力距離指數偏高(high-PDI, Power Distance Index)[111]；簡單的說，他懼怕權威也不擅長思考，因為他認為獨立思考是不合適的；很多問題與答案他從來不曾思考與消化過，因為他認為標準答案才讓自己安全；他不敢也未曾踏出去，因為他覺得外界都是邪惡或可怕的。就像在權威式教育環境下，父母、師長、老闆及權威的言論，是不允許被質疑或挑戰的，他們只接受統一標籤的乖乖牌。然而，不思考的環境真的有助於信仰嗎？在面對困難與壓力時，抵抗力是否足夠呢？

「遇亨通的日子你當喜樂，遭患難的日子你當思考；因為神使這兩樣並列，為的是叫人查不出身後有甚麼事。」[112] 當我們遭遇苦難，有疑問與不解時，思考是好的。這思考，是為了更靠近神、更接近真理。神沒有那麼吝嗇，不允許我們去思考、研究、了解、查考、比較；畢竟人類精緻的大腦也是神創造的，神要的是由心的崇拜與順服，而不是盲從的軀殼或順而不服。當我們在信仰的理解中有掙扎時，我們可

以求神帶領我們來明白，掙扎背後的意義和價值。**獨立思考、獨立判斷、不斷學習、不要怕學習**。特別是當你思考與探討的問題，具有意義和價值時。人限制很多、約束很多(ex 法律)；但思想沒有，你為什麼會考慮進一步思考呢？當然，思考非猜疑，思考是理性的，猜疑則是非理性、缺乏根據的猜想和懷疑。*「我心裡多憂多疑，你安慰我，就使我歡樂。」* [113]

解決問題

假如你是解決問題者，而非埋怨問題者，對你而言有什麼好處？人們擅長找問題(不見得是找麻煩)；當問題浮現時，人們難免會**埋怨問題、發牢騷、散播負面評論**；卻不見得能提出解決方法；因此，問題還在，甚至把問題給擴大了。**發現問題固然明智，但如果你不介意，最好能連建議都留下**，甚至更進階的做出實際行動。換言之，深入問題核心，找到解決問題的辦法也就是提供有建設性的意見，有助於根除問題。

我們想要找答案與方法，因為我們想要快速的解決眼前的問題，以消除這種內心的不確定感。人生許多難解的問題，

不容易回答；它可能有答案，可能尚未找到答案，可能你找到答案但你認為答案不理想；也可能很遺憾的沒有答案，你無論怎麼費盡心思、怎麼努力、怎麼查都查不出來。「*我就看明神一切的作為，知道人查不出日光之下所做的事；任憑他費多少力尋查，都查不出來，就是智慧人雖想知道，也是查不出來。*」[114] 為了解決當前問題，我們花盡心思、費盡努力，發現單憑靠著自己，根本無法完完全全的好起來，頂多是治標不治本，拉長折騰時間。走到最後、恍然大悟，原來是我們自己把它複雜化了，其實沒那麼複雜。當答案不夠時、當問題始終解決不了，我們該怎麼做才好？

神到底存不存在？

在苦難中，相信神的詩人曾詢問過：「神為何隱藏或掩面不顧我？」然而，心中懷疑或不信神者，則常問到：「神到底存不存在？」這個問題也困擾了人類幾千年。電和風我們摸不著，但它卻存在，神也一樣。大樓有設計師與建造者，我們沒看見這些人不代表他們不存在，彷彿人看見一棟樓說：「喔！它是颶風或天然形成的。」既然人類無法證明神的存在，又怎麼證明神不存在呢？我們看不見電，但我們能看見

燈在發亮；我們看不到風，但我們可看到樹與樹葉在搖晃；我們也看不見 WiFi，但我們能上網，連接世界各地。同理，我們也看不見神，但透過宇宙萬物、大自然、人類、與人類的良知，我們冥冥之中知道有一位神。

　　有人會問：「如果真的有神，為什麼世上有苦難呢？」、「如果神存在，為什麼這世界不完美、為什麼人不完美呢？」、「如果神存在並愛著世人，為什麼這位神，忍心看著我這樣受苦？或看著別人受苦？」、「神既然那麼完美無瑕，怎麼會創造出那麼有瑕疵的一家人？怎麼會允許罪入世界、亞當夏娃犯罪、兒子殺兒子呢？」我知道你聽過很多答案，像是：「神是神，這是祂的主權、祂設定的劇本。」你也許認為這些答案不理想。但這就好比一個孩子跟他媽媽說：「媽，妳今天早上做的早餐怎麼那麼難吃？太難吃了！我沒有媽媽，我媽不存在！」或一個孩子跟他爸說：「爸，你怎麼把我生得那麼醜？我不滿意！我沒有你這個爸爸！」我們將我們的理想，凌駕於祂的存在之上。

　　假設世界上完完全全沒有苦難，人類就不會嚮往救贖與天堂了。我並非推崇苦難，包含我本人在內，沒有人喜歡苦難。但因為有世界有苦難、或因肉眼看不見無法證實神存在，

而否定神的存在，本身就是個偽命題。**為什麼神非得要照著我們理想中的完美世界，來證明祂是神呢？** 神存在、神沒有缺席，神深知我們的苦難，神道成肉身名叫耶穌與我們同受苦難。基督徒相信，神是無始無終的、是永存的、永恆的。你呢，神存在與否，你怎麼看？

神蹟與靈恩

我們似乎活在一個不需要神蹟的時代；或說，這是一個不相信奇蹟、認為奇蹟是離奇而不可能發生、不信奇蹟存在的時代。我們從來不缺乏任何資訊，有問題直接查 Google、問 Reddit、看 Wiki、找 YouTube、到書店或圖書館看書、在社群團體裡問人的經驗；遇到專業點的問題，尋求專業、查期刊、查論文、研討會等。我們有很多管道能找到我們要的答案。透過大數據，人類似乎變得無所不知、無所不能，每個人都成為小專家。因此我們可能會問：「在現代社會中，人們生病都去看醫生、有問題都去找專業了；為什麼還需要神？」、「為什麼人類還需要神蹟？靈恩意義是什麼？」

其實，靈恩不是目的，因為很多人看了神蹟也不信；如

果神蹟可以維持一個人的信仰，那為什麼以色列百姓，親眼見過那麼多神蹟，仍然多次的離開神？那些得著神恩典與神蹟的人們，有多少繼續跟從神？顯然，神蹟只是証實真理並印證神的大能，卻不是我們信仰的核心、或說不能當作信仰的根(根基、基礎、基石)。換言之，神蹟對信仰非絕對關係，而是相對關係。舊約的亞撒王腳有種病，病時沒有求神，只求醫生[115]。不需要神蹟的人自然不需要神蹟，而需要神蹟的人自然會去找神。臨床醫學必須是高度理性的科學，以作最理性的判斷。

但實際上，我們也會遇到任何人都束手無策的時刻，也就是遇到任何人類都無法解決的問題和情況。全球大瘟疫-新冠疫情就是個真實案例，21 世紀的此時此刻，醫學與科技已經發達到某種空前地步，各國政府、科學家、醫學專家、及人民，皆盡心盡力的控制疫情與配合各項措施。不知不覺中，兩年過去了，我們仍無法在短時間內徹底殲滅新冠病毒、避免人類的大型傳染，甚至大量死亡。辛苦抗疫的人們，確實都盡力了；但面對這場自然災害，我們也坦承人類的有限，同時願意仰望著萬有之上的力量。關鍵在於，你相不相信有位全能的神，會聽見你的禱告，可以解決你的問題？你需不

需要祂的幫助？

「世界上真的有神蹟嗎？」你相信神蹟嗎？你相信耶穌曾讓死人復活、曾讓彼得在水面上行走嗎？你相信在 21 世紀的現代，耶穌還會讓神蹟發生嗎？*「瞎子看見，瘸子行走，長大痲瘋的潔淨，聾子聽見，死人復活，窮人有福音傳給他們。」*[116] 當然，神行神蹟也不是無緣無故的，神會看對方的信心、謙卑、與需求度。我們若需要全能全知的大醫生，不妨去找主耶穌。主耶穌曾用五餅二魚讓 5000 人吃飽、又曾叫人 3 個人復活：

1. **叫拿因城寡婦的獨生子復活**[117]：當時寡婦的兒子過世了，許多人同著寡婦送殯。*耶穌說：「少年人，我吩咐你，起來！」*，死人就坐起、說話。

2. **叫管會堂睚魯的小女兒復活**[118]：耶穌到睚魯的家，拉著逝世孩子的手說：「大利大，古米！」意思是「*閨女，我吩咐你起來！*」那閨女立時起來走；又吩咐給她東西吃。

3. **叫拉撒路復活**[119]：拉撒路是耶穌所愛的朋友，當耶穌知道拉撒路死了之後，耶穌沒有立即的去他家，耶穌等了兩天，在等門徒們的信心。當耶穌抵達拉撒路家時，拉撒路已經在墳墓裡四天了，耶穌對拉撒路的姊姊馬大說：*「復活在*

我，生命也在我。信我的人雖然死了，也必復活；凡活著信我的人必永遠不死。你信這話嗎？」[120]

　　有神同在，沒有難關，在神凡事都能！神有絕對的能力，讓人瞬間得病，又瞬間治好。例如摩西手上的大痲瘋神蹟[121]。「痲瘋病」雖在現代很罕見，但在舊約聖經記載中蠻常出現。在摩西律法裡，大痲瘋是不潔淨、需要隔離、不能進聖殿、又幾乎不會好的嚴重型皮膚疾病，得了此病的社會地位與觀感偏低，大家避而遠之；摸過痲瘋病人也會不潔淨。根據聖經，有些人因為犯罪被懲罰而得。例如：基哈西因貪心得了大痲瘋、米利暗因嫉妒得了大痲瘋、烏西雅王因為驕傲又發怒長了大痲瘋直到死日。*耶穌說：「在以利沙先知的時候，以色列中有許多痲瘋病人，但除了敘利亞的乃縵，沒有一個得潔淨的。」*[122] 耶穌在世時，曾親自醫治大痲瘋病人，即便眾人對痲瘋病人避之唯恐不及；耶穌仍然願意接觸他、摸他、甚至醫治他。[123] 不但如此，耶穌也在長大痲瘋的西門家坐席[124]。在苦難中，試過一切人的方法後，你為什麼可能想尋求神、尋求神蹟？

　　看完苦難的描述，你可能心有戚戚焉、也或許快要喘不

過氣了。若是你正在苦難中，不論你在苦難的第幾期、是因為什麼原因受苦、正在經歷哪一種苦難。其實你並不寂寞，你不是一個人，世界上大多數的人都有相同遭遇，不管是隱性的還是顯性的，**大家都在這條苦難的船上，只是大部分的人沒有顯露出來。**我們只是吃著不同的苦難套餐，死命地掙扎著與難受著，亦多麼渴望能擺脫一切苦楚。在苦難中，我們會出現不明白、疑惑、沮喪、低潮、壓力等各種負面情緒。留點空間給自己的情緒吧！我們的反應是正常的；讓它自然的流露。

第4章 如何面對苦難中的人？

在看這本書時，有種情況是，並非你本人在受苦，而是你所親愛的人正在受苦，你想要找些方法幫助對方。本章就是寫給苦難者的幫助者。

面對在經歷苦難的人，如果你願意，他們真的非常需要你的幫助！ 這幫助，彷彿沙漠中的一杯水、疼痛中的止痛藥、汪洋中的救難艇。首先我要大力的肯定你的愛心，不論你身旁的苦難者是誰，有你為他或她，學習怎麼提供幫助，真的是一件很幸福的事！往往我們會遇到，很想幫助對方，也好希望能夠為身邊的苦難者分擔重擔、提供支援；但實際情況，卻不知道怎麼去幫助他或她。

尤其是看著你所愛的人正在受苦時，你卻受到協助能力的限制而愛莫能助(例如:理解力、溝通力、救援力、經濟力

等)，完全幫不上忙甚至幫倒忙。我們為身旁的苦難者，感到心疼和萬分不捨、義憤和打抱不平。「為什麼他(或她)人生是那麼的坎坷與淒慘？」究竟，我們該向苦難者，說些什麼、或做些什麼呢？我們該如何增強救援苦難者的能力？「摯友告訴我她的傷痛，但我不知道怎麼安慰她…。」、「我要怎麼去安慰或幫助身邊軟弱的人呢？」、「我該如何面對、鼓勵、或幫助正在苦難中的人？」

避免二次傷害

　　先來聊避免二次傷害，因為這是在面對苦難者的旁人或局外人最常不經意犯的誤區。有的安慰者，本來是好意，但有時卻不小心弄巧成拙；就像約伯的三個朋友判斷錯誤，面對正在受苦難的約伯，所傳達的話並不是神的旨意，沒有安慰到正在受苦的朋友，反而火上加油、在傷口上灑鹽、越幫越忙。人類在判斷苦難時，習慣推測或解讀成：「此人受苦是因為犯了錯、幹了什麼壞事…」，因而無法全面的看透受苦的緣由。

　　所謂「出門看天氣，進門看臉色」，當別人在傷心痛苦

時，如果方便，盡量避免嬉皮笑臉或開懷大笑。當別人在與你分享他內心深處的低潮時，千萬不要事不關己、又把鏡頭切到自己，且回答說：「喔？我都沒有這個問題耶！」漸漸的，對方不再與你談心，因為沒有被理解或安慰。若不會麻煩到你，記得關懷的重點是對方，而非自己。此外，當你過得凡事順遂、幸福美好、甚至從來沒遇過挫折時；不是每個人都有祝福你的心胸，因為他們並不如意，甚至幾乎每個人都在與不同種類的艱難搏鬥。

在約伯最低潮與落魄時，約伯的三個朋友所安慰的內容反而是潑油救火，讓約伯倍感壓力、難過、不被理解。他們有同情心(sympathy)卻沒有同理心(empathy)；三友默認約伯受苦是因為得罪神而受罰，實際上並非如此。自覺虔誠的道德主義者，常犯這個錯誤；一看到人在受苦，不分青紅皂白就下定論：「你一定是做了什麼錯事被(神)懲罰？你要悔改。」、「你檢討下是不是犯了錯？」在第 2 章提到，人受苦並非皆是因果論。人們卻喜歡或習慣帶著放大鏡去檢討別人的苦難，甚至拿他人的苦難當作茶餘飯後的話題；但不管放大鏡擦得再乾淨與雪亮，人看人終究是看不清的。因此，高高在上的法官態度，無法帶來安慰，家人好友質疑式的對話、與誤解

式的關懷,反而會對苦難人造成二次傷害。

大衛在苦難中這樣向神禱告:「*辱罵傷破了我的心,我又滿了憂愁。我指望有人體恤,卻沒有一個;我指望有人安慰,卻找不著一個。*」[125] 這就是受苦者的心境,渴望有人能夠了解他、體諒他、聆聽他、安慰他。苦難中的約伯說:「*但你們責備,是責備什麼呢?*」[126] 若你的家人朋友正在遭遇患難,就請別再責備他了,且要避免任何攻擊、打擊、諷刺或鄙視。他或她已經在苦難當中了,再多的說教,只顯得冰冷而多餘,一點幫助都沒有,反而造成苦難者極大的反感。

例如有人會說:「你太脆弱了吧!」、「你不要想太多」、「你不應該這麼傷心!」、「你應該要感謝吧!」、「還好吧!有那麼嚴重嗎?」、「我不理解為什麼有宗教信仰你還會憂鬱?」、「你不會靠神嗎?」、「你這樣做有比較好嗎?」、「你要小心,你信心有問題。」、「你應該＿＿＿而不是＿＿＿」、「你不應該＿＿＿!」、「你就是因為＿＿＿才＿＿＿」等,以上都是我們很容易誤犯的安慰禁忌。本來想雪中送炭,反而雪上加霜;因此,要避免喋喋不休的說教。就像約伯有感而發的說:「*你們所說的,誰不知道*

呢？」[127]。苦難者會認為：「你們以為我願意這樣受苦嗎？」、「你們真的了解我，懂我的感受嗎？」、「我做了多少的努力與調適，你有看見嗎？」、「我所承受的壓力，你能明白嗎？」、「你說完了嗎？」

以慈愛待他

親自經歷過重重苦難的過來人約伯這樣說：*「那將要灰心、離棄全能者、不敬畏神的人，**他的朋友當以慈愛待他。**」*[128] 遇到苦難者，若是可行，我們要用溫暖的愛對待他；如果他很沮喪，請多鼓勵與肯定他。苦難者很需要安慰、支持、陪伴，我們其實可以做更多！千萬別小看苦難中的一杯涼水，這杯涼水，可以給苦難者相當巨大的力量。你的愛與付出，甚至可以徹底的改變一個人的生命。我們將「以慈愛待他」拆解成以下 4 個方法，我們可以藉由：**愛心的手、傾聽的耳、理解的心、鼓勵的口。**

愛心的手

苦難者因身心煎熬，導致對自己的健康與生活，難免無

力或忽視；面對簡單的日常，感到格外費力。我們愛心的手可以做什麼呢？可以親自去探望他，給予他需要的食物、物品或資源、透過各種管道表達關心。如果無法前往探視，也可以請人轉交禮物，或線上購物寄到他家等。在我們能力範圍內，能給予什麼就去施予，互相擔代、扶助、並接納軟弱的人 [129] 「當記念主耶穌的話，說：『施比受更為有福。』」[130] 愛心的手，可以透過肢體語言，例如：拍拍他的肩膀、握握他的手、給對方真誠的擁抱，抱抱對方；這樣沈默的肢體安慰，也能為受苦者帶來巨大的力量。當然並非每個人、每個文化對肢體語言都是舒適的，因人而異。

再來，愛心的手是一雙不住代禱的手，我們把對受苦者的愛，化成對神的信心，恆切地為他或她禱告仰望神，祈求主的憐憫、懇求神的開路，為家人、為我們愛的人、為正在受苦的人，不住的代禱，代禱是面對苦難者最基本的支持。我們可以向神禱告說：「求主耶穌憐憫，憐憫我們不過是塵土…，憐憫他的痛苦。」、「求主不要靜默，求主不要使他承受無法承受的苦難。」、「求主垂憐、求主眷顧、求主為他開路。」、「求主顧念我們的生命是多麼的渺小而短暫。」代禱後要持續追蹤，畢竟「我幫你禱告」並不是一種口號或

口頭禪。代禱後即使每況愈下，不一定是不好的；最終神的時候到了，神動工和開路，結局一樣是好的，祂會安排一條最自然及最適合的路。反過來說，那些會不斷舉手為你禱告的人，是心中有愛或最愛你的人。

傾聽的耳

當我們去關心苦難者固然是好意，但不是每個人，都願意談論自己的苦難。即使是面對親近的人，也許他們尚未準備好談論這份苦難、開不了口有著難言之隱；或者面對自己不太信任或不熟的人，自然不會想多說自己的痛點。**有效的關懷是需要花時間的，不著急、慢慢來才能深入的了解一個人。**如果對方拒絕談、不想聊，這是再自然不過的事，你也不要因此而氣餒，或把鏡頭又切回自己覺得受傷。當苦難者願意與你傾訴苦楚時，就表示一定程度的信任。因此，除了傾聽的耳，我們需要拿出可靠的信用為他守著。

傾聽的耳，就是聽他說話與訴苦、耐心的聆聽，靜默的陪伴他；這陪伴是空出高品質的時間，專注的、真心的、全心的陪伴對方。因為傾聽，就是一種無形的安慰和支持。

「*未曾聽完先回答的，便是他的愚昧和羞辱。*」[131] 一個擅長傾聽的人，往往有著敏銳與細膩的觀察力，能看對方非語言的線索(肢體語言、手勢、表情、眼神、語調等)；眼睛與耳朵配合的相得益彰，看出對方的需要、聽出對方的需求，甚至弦外之音。約伯在苦難中有這樣的體會：「*惟願你們全然不作聲；這就算為你們的智慧！*」[132]、「*你們不要作聲，任憑我吧！讓我說話，無論如何我都承當。*」[133] 我們先別急著插話，也先別搶著發表自己的想法、經歷或感受；如果他人正在講話，等他或她先說完。傾聽具有很強的療癒功用；有時候，**我們光是傾聽，就是最大的安慰**了。約伯說：「*你們要細聽我的言語，就算是你們安慰我。*」[134] 有時候我們真的只能靜靜的陪他、陪他哭、陪他禱告。開啟傾聽的耳朵吧！聖靈會親自安慰。若是可行，**不用壓抑對方的情緒**，如果他或她非常絕望與心碎，想要大哭，就讓他痛痛快快地哭一場，**哭吧！它能釋放很多壓力**。「*耶和華靠近傷心的人，拯救靈性痛悔的人。*」[135] 面對苦難者，陪伴與理解尤其重要；如果我們無法為對方點亮光明，如果對方暫時不想接受光明；就靜靜的陪他坐在黑暗中哭泣。

理解的心

理解的心有三個不同的層次，分別是同情心、同理心、憐憫心(Compassion)，而這三者本質上不太一樣。同情心與同理心在生活中時常提到也較熟悉，同情心是基本、同理心是進階、憐憫心則是極致。蘇珊大衛博士(Dr. Susan David) 在接受布芮尼布朗博士(Dr. Brene Brown)的訪談中，談及這三個名詞差異，她說：「同情心是我很抱歉你在痛苦，但仍然有個距離；同理心是我可以想像這個痛苦的樣貌；憐憫心則是我可以看見你在受苦，我可以盡我所能地幫助你，且與對方站在同一陣線。」

由此可見，面對苦難者，終極目標是超越同情心和同理心的層次，進入到一顆「憐憫心」，它能將同理心與共情能力的價值最大化，它不僅會讓人感到舒適、溫暖、有愛，更能為苦難者提供實際上的幫助。最能貼近並幫助苦難者的，正是保有一顆憐憫心，這也是耶穌基督所示範的心腸。如果我們沒遇過同樣的情況或類似的苦楚，我們不會或很難完整的，感同身受苦難者的心境、難處和感受，因此我們的安慰就像隔靴搔癢般起不了作用。

經濟寬裕的琳達(Linda)不理解經濟困難的麻雅(Maya),她說:「人生不就應該吃喝玩樂、遊山玩水嗎?妳都幾歲了,為什麼要那麼辛苦工作呢?」如果不需要,麻雅又怎願意辛苦維生呢?這就是少一層理解的心。麻雅表示:「我聽完琳達的安慰後,沒被安慰,反被傷害。她從不愁吃穿,不知民間極苦,高高在上的言談,真的非常缺乏同理心,也實在讓人很難聽的下去。尤其喜歡長篇大論的教訓著:『信仰不是失望就放棄了…』。請問信仰是什麼?低谷無疑也是不同人的信仰過程。言下之意,她的信仰標準才是信仰,那些軟弱的、失落的、想放棄的、辛苦維生的、正在苦難的人,都不是嗎?何況我又沒有放棄,我只是在受苦而已…。」

曾經歷過病痛的人,能安慰正在病痛中的人;曾經歷過傷痛的人,能體恤正在傷痛中的人;往往只有經歷過患難的人,才能有憐憫心的去安慰患難的人。*「我們在一切患難中,他(神)就安慰我們,叫我們能用神所賜的安慰,去安慰那遭各樣患難的人。」* [136] 倘若神已經讓你經歷過一些苦難,你就有比一般人更多的憐憫心與養分,去安慰更多需要的人。

　　若是可行，站在對方的角度，理解他狀態背後的原因，穿上對方的鞋子來思考。察言觀色對方說的話、表達的情緒、還有無聲的肢體語言，都可以透露出有效的訊息；在這一切之後，以憐憫心提供協助。要知道對方是鼓起多大的勇氣，才告訴你自己的苦難、才釋放出自己求救的訊號。如果換作你是對方，你的心境如何？你會怎麼做？**完完全全以對方為主的在說話、關心或慰問**，這包含同理對方的情緒、想法、處境、言語、行為、背景。「*向軟弱的人，我就作軟弱的人，為要得軟弱的人。向什麼樣的人，我就作什麼樣的人。無論如何，總要救些人。*」*[137]*

　　比方說：面對不上教會的基督徒，我們真的了解過對方不去的真實原因嗎？我們要學習體諒對方的處境、理解對方的想法、帶著同理心去關愛、帶著憐憫心去協助。人們的生活有不同的難處，有人沒辦法去、有人不想去、有人在病痛中、有人為了生存糊口必須去工作、有人遭遇患難和生活的挫敗、有人對冰冷的教條反感、有人對教會缺乏歸屬感、有的是人際間的難題…等。

　　當我們具備了理解的心，在協助對方分析問題或解決問題時，我們的安慰才會發揮最大的價值，真切的達到救人的

作用。此外，我們要避免用理性的批判、感性的同情、或主觀的斷定，像是「她怎麼這樣、他怎麼那樣？」設身處地的去理解他的處境、心情與難處，你就會產生憐憫心，你的安慰才會有力量。*「與喜樂的人要同樂；與哀哭的人要同哭。」*[138] 在理解對方時，我們可以練習這樣思考：

> 有時候她不是不笑，而是有些緊張。
>
> 有時候她不是無情，而是有點健忘。
>
> 有時候她不是嘮叨，而是有些掛心。
>
> 有時候她不是抱怨，而是有點寂寞。
>
> 有時候她不是嫉妒，而是有些不安。
>
> 有時候他不是生氣，而是有些疲倦。
>
> 有時候他不是逃避，而是有些喪志。
>
> 有時候他不是吝嗇，而是有點吃緊。
>
> 有時候他不是冷漠，而是比較害羞。
>
> 有時候他不是火爆，而是備感壓力。
>
> 以此列推

以上的「理解的心句子練習」，是安慰者要用來提醒自己的。怎麼做呢？第一句寫著對方(也就是受苦者)呈現的狀態，

第二句寫著對方狀態背後的真實原因；如此一來，我們就更可以用理解的心去看待對方的反應，而不是執著在對方表象的反應上，化為一份有效的體恤。你可以試試看練習寫出自己的版本。

鼓勵的口

以智慧的口來關懷，「*但我必用口堅固你們，用嘴消解你們的憂愁。*」[139] 受苦中的人，渴望可以消除他們憂愁的言語。若我們要對苦難者開口，我們的言語不見得要多，如果可以，盡量是鼓勵的、溫暖的、激勵的、正面的、誠懇的、善解人意的話。除了上述的正向鼓勵、也可以多詢問以對方為主的問題。其他的言語，真的都是多餘的。從微小處鼓勵他、建立他的信心與戰勝苦難的養分，讓受苦者感受到愛。例如：你可以用鏡射的方式，重複對方的描述、對方所說的話與所用的字。

真實的情況是，我們往往認為自己拙口笨舌、不太擅長安慰人，深怕安慰人反讓對方陷入更深的痛苦中，所幸沈默是金；如此消極做法起不了鼓勵的作用。如果我們平常話很

少，練習勇敢的面對面說出幾句慰問與鼓勵的話，而非教訓人的話；如果不好意思當面說，也可以用小卡片或簡訊來代替。反之，如果我們平常話很多，練習說幾句安慰的話就好不要多嘴。只要記得，我們安慰的內容，不是一種場面話或客套話，而是真心誠意、發自內心的自然言語。倘若你要許下幫助對方的承諾，當你開了口也一定要做得到；若做不到就不要輕易的許諾，免得你信用受損。就像孩子們在傷心難過時，家長們喜歡直接找到解決方案，但更好的方法是，帶著他度過痛苦的情緒、陪伴孩子並溫柔的告訴他：「我懂你(I see you)」譬如你可以說這些話來鼓勵受苦者：

支持型安慰

- ○ 「我(我們都)會支持你，做你的後盾。」
- ○ 「我跟你同在 / 有我在！」
- ○ 「你不寂寞 / 你並不孤單 / 你不是一個人」
- ○ 「不論情況多糟，我愛你、支持你。」
- ○ 「不管發生什麼事，我在你身後支持你。」
- ○ 「主耶穌愛你 / 主都知道 / 求主親自安慰你。」
- ○ 「我愛你，不管你做什麼」
- ○ 「我支持你，活出你想要的樣子」

○ 「別自責，我們都是人」

傾聽型安慰

○ 「如果有需要，隨時打電話給我！」

○ 「當你需要有人陪你聊聊，我都會在這裡陪你。」

○ 「不論如何，當你疲累或孤單寂寞時，我願意聽你說。」

理解型安慰

○ 「我明白／我懂／我懂你／我理解／我了解」

○ 「你說得對／我同意」

○ 「我相信」

○ 「我看見了你的掙扎」

○ 「我很抱歉聽見你的失去 」（或消息／病情／意外／失意)

○ 「當我收到這傷心的消息時，我感到十分悲痛」

○ 「我希望我能挪去你的痛苦」

○ 「我無法用文字表達，我的心為你感到多麼的傷痛(或憤慨)」

○ 「你已經盡全力了！你很棒！」

○ 「(抱)」

行動型安慰

○ 「請讓我知道，我能為你做什麼?」

○ 「有什麼需要我幫忙的?」

○ 「請放心，我會幫你處理好_____」

（空白處填上你能做到的具體承諾）

○ 「我現在就去幫你禱告!」（或去幫你買食物 /

帶你去醫院 / 去你家陪你）

○ 「你會一直在我的心中和禱告中」

當你想不到該怎麼安慰對方、或不知道該說什麼來鼓勵
對方時，你可以選擇上文的幾句話來回應。此外，若是可行，
我們也當盡力為他們挺身而出，向外界發聲、請求支援。
《你當為啞巴（或譯：不能自辯的）開口，為一切孤獨的伸
冤。你當開口按公義判斷，為困苦和窮乏的辨屈。》[140]

生病的人需要什麼?

大衛王說：「我的良朋密友因我的災病都躲在旁邊站著；
我的親戚本家也遠遠地站立。」[141] 生病的人最需要健康與平

安，希望病可以趕快好起來。生病時，我們會面對很繁瑣的治療、生活品質越來越差，心理狀態也大受影響。或者不得已在小小的病房中，無法離開。

聰慧果斷的艾拉(Ella)，因患了阿茲海默症，漸漸的喪失知覺、記憶力和理解力，許多人事物她記不得了也無法理解了，她對兒子說：「請問你是？謝謝你來看我。」雖然生病使她整個人起了變化，但她還是她，是先生的愛妻、孩子的母親。如同 2020 年電影《父親》"The Father"，描述一名失智老人的故事。現實與幻覺交錯、記憶與遺忘交織，合理與不合理轉換。這部片刻畫細膩，讓觀者多一份同理心去看待失智老人與照顧者。我們與親人有天都會老去，以慈愛對待，是最美的方式。

我們希望早日康復、不希望病情復發。有的病人抗拒休息，因為他怕這一合眼，就是永遠。生病，讓一個意氣風發的人，漸漸或完全的消沉，也讓人明白人類的有限與卑微。不論曾經走到多高峰，以前一直追求的東西與價值，躺在病床上時，就不見得想要了；就像安寧病房的三大願望之一是長途旅行。2007 年電影《一路玩到掛》"The Bucket List"在描述兩位主角，用所剩不多的人生，一起完成遺願清單。事實

上，生重病瀕臨死亡的人，最需要痛苦與遺憾降到最低及親
人的陪伴。

身為病人的家屬？

生病不僅自己痛苦，病人的家屬也一起辛苦與心苦；尤
其是病危的病人 ADL[142]很低，指用餐、排泄、步行與沐浴等，
各方面都需要他人的幫助、照顧與陪伴，像是生活上幫忙餵
食、穿衣、翻身、如廁、洗澡等。「身為病人的家屬我該如
何自處呢？」此刻需要勞煩家屬們，務必格外的照顧好自己
的健康；就像在飛機上出事，氧氣罩先戴自己，才能去幫別
人戴。如果我們用力過猛、健康垮了，更沒有人能照顧病人
了。

家屬在關鍵時刻，為了病人好，精神上盡力的保持樂觀
與堅強、打起精神、成為病人的太陽，喜樂的心才是世界上
最好的藥；苦中作樂，成為正向樂觀的幫助者，盡力消除病
人的負面情緒，與解決對方的各種疑慮，這對病人會有很大
的幫助。

即使我們實際上很難過、心境上很沈重、有些愧疚、根

本不想也不希望親人受病痛之苦，甚至我們已經做了最壞的打算與安排。**我們都要撐住**！由於病人的自理能力較低、受到肉體與心理雙重苦楚，病人會常有憂鬱、沮喪、煩躁、易怒、悲觀、失望等情緒波動反應，家屬不要太把這些「延伸情緒」放在心上，應從心理上關心體貼病人、耐心的向他或她交談與解釋病情，例如可以詢問病人：「今天感覺怎麼樣？」、「有什麼夢想與心願想要完成？」、「有什麼擔心與害怕的事我能分擔？」、「請放心！醫生說 ____，我們一定可以 ____」等安慰鼓勵病人，製造良好家庭氣氛，鞏固治療康復的信心與決心。

想想看，你身邊哪些人正在經歷苦難？看完本章後，不妨練習上述方法，去安慰與鼓勵對方，他或她現在就需要你的幫助！

在進入下一章前，先插播一則我親身經歷的工作故事。多年前，我在臉書上分享這則故事後，陸續被商業週刊、壹週刊、TVBS 新聞、台灣社會書籍《巷仔口的社會學》等，討論、報導、或引用；也因此收到讀者的私訊或來信。本書將故事再次提起，是想鼓勵與我當初有相同遭遇的社會新鮮人

或失業者:「我懂,你並不孤單!」

從台灣到上海工作,我的故事

本故事寫於 2013 年 10 月 28 日:

來上海工作快滿一年了,常有朋友問我當初怎麼來上海工作的?我現在好好的向大家娓娓道來。這是一篇,從台灣到上海工作,我的故事。

當初,從台灣的研究所畢業,畢生如初犢,我懷著滿腹理想,開始在台北找工作。剛開履歷的第二天就有兩家公司要面試,面試後我都被錄取了,權衡之下我選擇了台北東區的某設計公司。沒想到,這般幸運竟是一場噩夢的開始…

我的工作量龐大,量大到用夜用型都承載不了,上到網頁設計下至包裝設計無其不來,我每天要獨立完成專案。中午吃飯手要一邊做設計一邊扒飯,快還要更快,不太胃痛的我也開始天天胃絞痛。我觀察同事,什麼?中午竟沒有人在休息!大家都是超人,不會餓、不會累、更不用休息,就像一群高轉速的機器人。我每天早到半小時,加班兩三小時,

都還算是公司最晚到與最早走的員工。奇怪了…大家到底有沒有回家休息？公司沒有過濾客戶的模式，什麼案子都接，自然什麼客戶都有。但這時主管的角色很重要，如果他的美感和創意一再妥協或貶值忽略，只要有錢賺再醜再糟都可以，那我們的專業價值就無法發揮，淪為廉價勞工。你知道，設計師是最討厭被叫成美工。我每天下班，精疲力盡，擠著台北捷運，看著來往上班族苦澀的臉，回到家只剩下洗澡和睡覺，都沒有機會跟家人好好聊天，更別說是私人休閒時間，隔天又要上台北戰場開始奮戰。但我每天仍咬著牙告訴自己：「我是社會新鮮人，吃苦當吃補，加油！」

　　工作一週後，經理把我叫去：「妳是公司薪資和學歷最高的，我請妳來是想要增加內部競爭力，電電他們，但是其他同事好像開始怠惰了，我很抱歉，我們好聚好散。」在毫無心理準備之下，我…被炒魷魚了。當時我深感挫折，晴天霹靂，就像被雷劈中根本來不及反應，心有委屈，想哭卻哭不出來；台幣 34K 月薪，每天工作 12-13 小時，仍被嫌貴辭退。我壓制悲傷和沮喪的情緒，公司還來不及發現我的好就跟我說分手了，沒工作不能幫助養家是我很大的痛點。一直以來，我是個再苦也不會輕言提出離開的人。

被炒的那晚離職後，我與姊和麻吉婷坐在景美捷運外談心，我好難過。失業了，感到無比迷惘，畢竟做了那麼多年的努力。人在最絕望最低谷的時候，更能看的清一些處於高峰時看不見的事。此時，願意在你身邊都是真心愛你的人，當時家人摯友們支持鼓勵我，下一個會更好！

我勉強打起精神，開始重新找工作。此時已過了招聘熱潮，我天天投履歷、日夜等待，也到不少公司面試。有下文的不理想，理想的沒下落，我屢屢挫敗。當時，我真的好沮喪，心想：「難道都沒人看見我的才華嗎？沒人要我了嗎？只是想在台灣業界做個健康快樂、有質感設計師，有那麼困難嗎？」，我感到有志難伸，卻不想屈服於大環境的惆悵。在台北生活 9 年，忙碌就像家常便飯，但拼久了我內心真的好疲倦；很羨慕摩西，離開喧囂的埃及城，到曠野無憂無慮、慢活、沒人認識他；我向神祈禱：「讓我去獨自渡假休息吧！去花蓮三個月也很好。」我走到人生的低谷，失業變得好封閉不想出門，心靈也變得敏感脆弱。媽媽有天問我：「妹妹，家裡附近康是美有在徵人(收銀員)，如果再找不到，就去試試看吧！」是的，心最苦的莫過於家人為我擔心。但康是美？

　　我，一個台灣女生，受了高等教育，9 年的設計訓練及 6 年的接案經歷，我雖然是個平凡人，但覺得自己不該只是這樣而已。我真心受不了把不合理合理化，台灣的職場生態已經病了，而且病得不輕，為什麼沒有人伸張正義？當時，台灣上了 CNN 的報導，指出：「台灣企業的競爭力，竟來自生產力高、薪資過低、工時又過長的台灣勞工。」我看得心酸，政府為了我們老百姓爭取了什麼？台灣薪資嚴重壓縮、不斷惡性循環，人民不要說存錢買房，賺錢養家，平民百姓連三餐溫飽都快成了問題。台灣的職場環境，讓我好沮喪。當時我在網路上看到吹捧 22K 的文章，我真心覺得他們已經被媒體和業界龍頭思想，操弄洗腦到幾乎失去理智。我一定要跳出這個框架！於是，我每天禱告神，求主為我預備一條適合我的路，沒有雄心壯志，也不求功成名就，只求溫飽照顧家人健康的生活。跌倒很痛，但還是要勇敢站起來，這就是人生。我再度重新整理作品集和履歷後上路，積極地找工作。

　　有天，我接到獵人頭公司的來電：「張小姐你好，我是台中某某顧問公司，想與你安排面試不知你是否方便？」我回：「真的很謝謝你，但因為台北台中通勤遠，真的很抱

歉。」 獵人：「是這樣的，我們正在幫上海某某企業找人才，可以配合妳約台北面試。」原來，這就是傳說中的獵人頭，怎麼會獵到我這個小毛頭？是看了 104 履歷找上門的。我覺得很新奇，於是我就答應面試了。面試當天，我看面試顧問手上冊子刪除線劃掉了好多人，我們相談愉快，我也想盡辦法在那短時間內展現我的各方面能力。最後獲得通知，我是唯一被選中去上海面試的設計師，公司願意出機票酒店讓我去上海與總經理們面試。

過程中充分地與家人商量溝通，出發上海面試前一天我禱告神：「主啊！我要去上海面試了，上海是個國際大都會，也可能會是個大染缸，只有祢看得見未來。如果我走這條路會影響信仰，求你不要讓我去；如果我去是祢的美意，求祢讓我這場面試，順利的不可思議，因為我不知道怎麼選擇。我只求一份不影響我信仰、能守安息日的工作。」索性當去旅遊，有上不上平常心，這是我第一趟飛上海面試。

我到了上海公司與老闆與總經理談話，談到一半，老闆說：「不用說了，我們直接考試。一小時，作出設計來。」她給我一道題目，我做完後，老闆說：「不受限制再做一張」，我又做了一張，共兩張，接著發表理念。老闆說：

「很好！妳很有想法！」，於是把設計師們叫過來指教一頓，我仿佛遇到伯樂般，內心有一匹小馬在奔騰。隨後進去總經理辦公室，她們直接問我：「什麼時候來上班？」哇～簡直順利的不可思議，就像在做白日夢，我！錄！取！了！！！但工作地點在上海…好奇怪的感覺…好複雜的心情。我說我回台跟家人商量看看再答覆。當時 17:30，我問老闆：「為什麼公司變的那麼安靜？」她答：「這很正常啊！下班了呀！」那是我當時觀察到該公司生態健康的其中一點。

我想了想，趁年輕去闖一闖、見見世面、體會一個人的感受也挺好的。像是被放逐到邊境，與神對話、與自己對話，遠離人群，靜一靜、停一停，這不就是我一直在跟神求的花蓮三個月旅行嗎？怎麼自動升級了？而上海這間公司，也是我面試過那麼多公司後，最想去的一間；但是去上海，這不在我的生涯規劃當中，我躊躇是因為我不想跟家人分開。籤放在懷裡，定事由神，我也不知自己的路，因我不知道明天，我交託著。和家人充分溝通與禱告後，決定到上海工作。

最後一天在台灣的晚上，睡不著，等全家都睡了，抱著熟睡的媽咪，我偷偷掉淚像個長不大的小女孩。早上一大早

要出門，給姊姊、婷婷、孟孟一個擁抱，在家道別有種不捨感，三個貼心幫我打包早餐，我笑著說：「你們看我穿的像肉粽一樣耶！」，掩飾感傷衝忙出門，如果她們去送機我一定會超難過。

到了機場報到後，還剩一點時間，媽媽與我在星巴克聊聊，我告訴媽媽雪麗：「別擔心我去去就回，你要好好照顧自己喔！這只是過渡期，過了之後我跟姊姊可是要搶著接你住，別聽旁人的塞弄，要喜樂喔！你不會孤單太久的，神都知道神都安排好了，神不會忘記我們每一個人。」嘴巴這樣說，雙方都超不捨，媽媽笑著點頭，叫我保重，擔心我沒有人民幣拿了台幣叫我換，天下父母心，我看出媽眼裡有多不捨．接著媽媽送我去出境口，我們擁抱後，我揮揮手離開，轉身眼淚馬上落下來，不想讓媽媽看到，卻想回頭看看媽媽的身影，一回頭媽媽還站在那看著我離開，看到這一幕我就潰堤了一直不停的掉眼淚，不想讓媽擔心我就一直往前走了。上了飛機看著窗外我一直哭，情緒之下當然會很想奔回家，內心不禁納悶地問神：「為什麼讓我一個小女生獨自面對？」但我心裡很清楚有神的美意。

在飛機上，從101上空到雲上太陽，碩大的世界對比渺小的房子，猶如偉大的主對比微小的我們，但即便微小，我們在神眼中又是如此珍貴。雲朵片片都在太陽的照耀下顯得雪白，而太陽卻只是神在宇宙萬物的創造一隅。我不怕！我深信神跟我同在，我知道在神凡事都能，如果可以，我希望能帶著與陪著家人。愛吃的我，第一次吃不下機餐。我，就這樣離開我土生土長的家鄉台灣，到上海工作。

直到今天，每天能夠工作，我都心存感謝，我意識到來上海對我的信仰和人生是份祝福，這一年來，我過得很快樂、很充實。當然，我真的很喜歡我的工作，很有熱情，每天可以自由的關心時尚與各品牌動向。老闆是澳洲籍上海人，她給予我很大的信任與發揮空間。試想我這剛畢業的小毛頭，在台灣一輩子可能都做不到品牌的主視覺，但在這裡我可以！作品直接展在各百貨商城，走入商業設計的真實戰場，充滿挑戰和戰鬥力；重點是，我的專業是被尊重的。

在這 14 億人口的地盤，能與國際接軌，與法國設計師溝通，與澳洲經理商談；老闆很器重我，她說明年想升我作主管。我知道若不是神賞賜，我也不會有這樣的機會。老闆同

事都對我很好，直爽幽默不拐彎抹角讓人很自在，每天一個半小時午休我可以慢慢的進餐和午睡，上下班準時每天 5:30 pm 下班，下班後我買菜下廚/看影集/運動/聖工/跟家人聯繫/做自己喜歡的事情，喜歡這般自由自在的快樂。那福利呢？周休二日，一年 40 天有薪假，一年 4 張來回機票，外加多張節日機票和假期，住在免費的酒店式公寓(畢竟是海外飛來，公司會做人的話都會幫付的)。一般從台灣來上海的上班族，薪水是台灣的 1.5 倍起跳，隨後就看個人發展。工作歸工作，該休息就好好休息，要知道我們是人，不是奴隸更不是機器。

當然每件事情都是一體多面的、有好也有壞，在異地工作有很多酸甜苦辣、別具滋味。在這貌似社會主義實質卻是資本主義的無神論國度，我工作、體驗、思考，夾雜著思念。理性與感性的交鋒，時而衝突、時而融合。真實的異鄉生活，許多人事物已經超越我們的想像與認知。在文化差異中，學著了解別人、認識自己、以及我所信仰的祢。

我愛台灣文化、台灣美食、台灣人民的熱情和腳踏實地，卻一點也不認同台灣惡劣和剝削的工作生態；台灣並非沒有人才，只是缺少舞台。台灣人要有自信！我想鼓勵跟有我同

樣遭遇的人，要勇敢的站起來或踏出去，不要輕言放棄自己。談到上海工作與生活，有好多故事可說、也學到很多。不論在這裡會停留多久，盡力而為，沒有遺憾；某天時間到了，就揮揮衣袖，帶走這寶貴的體驗。我感謝曾經的挫敗帶給我的成長，也感謝如今我身邊的一切，或是主或是人。天父關起了一扇窗，卻開啟一道東方明珠塔。如果能再選擇一次，我也毫不猶豫。

第二部曲 戰勝苦難的 5 個方法

第5章 方法1—戰勝害怕

看完了第一部曲「為什麼是我?」的苦難歷程,接下來要進入如何戰勝苦難的方法。

「**為什麼我時常感到痛苦? 有沒有什麼方法減輕痛苦?**」我們猶如陷入了泥沼,越是掙扎、越是下沉;該怎麼辦? 雖然一切都沒有想像中的容易,但也沒有想像中的困難;既然苦難來了,**躲不掉我們就迎面而擊面對它**,才能真正的戰勝它、克服它。別灰心、別氣餒、千萬不要輕言放棄!**我們仍然可以透過這短暫而有限的生命,實現美好的價值**;只要我們還有一口氣,我們就有有希望,戰勝它!「**我要如何戰勝苦難呢? 有哪些方法?**」

「**我在怕些什麼呢?**」試問,你過去曾為什麼感到害怕? 現在正害怕著什麼? 對未來害怕的又是什麼? 什麼事情讓你很沒有安全感、感到不安? 你從小就害怕著哪些事? 仔細的

想一想；我們一起來面對與正視你的恐懼。隨著我們的成長與經歷，不同年紀，所畏懼的事也不太一樣。比如你青少年時喜歡去遊樂園乘坐刺激的自由落體，為人父母後卻不敢再坐，看到就腿軟。我們往往害怕危險、怕事與願違、怕沒辦法走到盡頭了。你對以下哪些事情感到恐懼呢？

害怕 5 大類

1. **害怕貧窮**：怕經濟壓力、怕沒有收入來源、怕沒錢生活、怕沒錢養家、害怕生活的缺乏與困難、怕財務危機(超支/負債)。

2. **害怕人**：怕得罪人、怕人誤會、怕達不到人的期待、怕惹人不開心、怕被人討厭、怕被人排擠、害怕與人起衝突、害怕不被愛、怕被人拒絕、怕拒絕人、害怕被人批評與否定、怕被人嘲笑、怕被貼標籤、害怕做自己、怕溝通(怕說話表達/怕說錯話/怕說出真心話或實話)、怕被人讚美與表揚、害怕社交、怕人的眼光、怕沒面子(怕丟臉)、怕權威、怕老闆、怕權貴、怕群眾壓力、害怕相信人、怕不受人歡迎、怕受人矚目、

怕絆倒人、怕壞人。

3. **害怕失去**：害怕失去健康(怕生病/怕失憶/怕衰老)、害怕失去愛的人(伴侶/孩子/家人/朋友)、害怕失去情感(愛情/親情/友情)、害怕失去休息、害怕遺憾、害怕被拋棄、害怕被取代、害怕被遺忘(被神遺忘/被人遺忘)、害怕分離(道別/說再見)、害怕失去快樂(/幸福)、害怕失去工作(事業)、害怕被社會淘汰、害怕不完美(不夠好)、害怕失去自己(自我/隱私)、害怕失去自信(魅力)、害怕失去控制、害怕失去自由(被控制)、害怕失聯、害怕失落感、害怕錯過(FOMO)、害怕失去能力、害怕失去方向、害怕失去幫助、害怕失去價值感、害怕失去時間(/空間)、害怕失去外貌(變胖/變瘦/變醜/變美/變帥)、害怕失去名聲、害怕失去物品。

4. **害怕未知**：害怕沒考上、害怕沒畢業/畢業、害怕未來、害怕失敗(/怕輸)、怕自己不會(怕當新手)、害怕成功(/怕贏)、害怕平庸、害怕風險、害怕出錯、害怕犯錯、害怕選擇(怕做決定)、害怕受罰(承擔後果)、害怕被騙、害怕被搶、怕受傷害(肉體/心靈)、害怕挑戰、

害怕陌生(新環境)、害怕離開舒適圈、害怕重新開始、
害怕改變、害怕一成不變、害怕遭遇危險或意外、害
怕一切未知的人事物、害怕家人受傷(/怕孩子受苦)、
害怕超自然(靈界/鬼/恐怖片)、害怕死亡。

5. **害怕指定事物**：怕昆蟲(如螳螂)、怕動物(如蟒蛇/鱷
魚)、怕高、怕水、怕火、怕黑、怕光(太陽)、怕熱、
怕冷、怕痛(如打針)、怕見血、怕指定味覺(吃酸/吃甜
/吃苦/吃辣)、怕渴、怕餓、怕交通工具、怕駕駛、怕
新科技、怕照相、怕密集、怕密閉、怕廣場、怕忙碌、
怕無聊、怕停下來、怕遲到、怕髒(/灰塵)、怕臭、怕
凌亂、怕沒睡飽、怕受驚嚇、怕辛苦、怕獨處或孤獨、
怕封閉生活、怕熱鬧、怕吵、怕沒體驗人生、怕親密、
怕承諾、怕丟舊物、怕講外語、怕演講。

事實上，**害怕是很正常的反應**，它並不奇怪，每個人都
有各自的害怕。但並非每個人都那麼了解自己在害怕什麼；
有時候正因為害怕，我們連稍微談論「自己的害怕」都直接
避免與閃躲，不曾或沒機會去好好的正視它。因此，在戰勝
苦難的開頭，我們要先清楚的知道，自己在怕些什麼？

先認清你的害怕

　　現在我邀請你，把「你的害怕」寫下來。如果你願意，靜下來好好想一想(回想)、並對自己完全地誠實，從上述「害怕 5 大類」內容的小細項，直接用鉛筆在書上圈選或高光出自己害怕的事。你也可以拿本筆記本與筆、或在手機上開個小筆記，寫下你的害怕：

1.我害怕 ＿＿＿＿＿＿＿＿＿＿＿＿＿＿＿＿

2.我害怕 ＿＿＿＿＿＿＿＿＿＿＿＿＿＿＿＿

3.我害怕 ＿＿＿＿＿＿＿＿＿＿＿＿＿＿＿＿

4.我害怕 ＿＿＿＿＿＿＿＿＿＿＿＿＿＿＿＿

5.我害怕 ＿＿＿＿＿＿＿＿＿＿＿＿＿＿＿＿

6.我害怕 ＿＿＿＿＿＿＿＿＿＿＿＿＿＿＿＿

7.我害怕 ＿＿＿＿＿＿＿＿＿＿＿＿＿＿＿＿

　　這一步能幫助我們更認識自己、練習坦承、與接納自己的恐懼。每個人害怕的點與組合截然不同。如果你害怕的事物更多(有 10-20 個)，上面的害怕清單，可以自己再加量與延展。不論你是在書上圈選、用紙筆書寫、或用手機紀錄都好，

你已經跨出第一步了！

　　究竟，「為什麼從小到大我這麼怕這件事？」、「**我為**
什麼害怕？」當我們開始承認與接受「自己的害怕」，才有
機會進一步去拆解原因。就像一台車子，引擎裡的某個零件
壞了，需要檢查或拆開，裝上新的零件，重新修復它；若我
們刻意不處理壞掉的零件，就算車子油加的再滿、汽車清洗
與打蠟的再乾淨；問題都還在沒有根除與解決，開起來有安
全的隱憂好不踏實。現在，從你剛才寫的 7 點害怕中，選 1 點
害怕的事物，開始寫寫看這些對你要緊的原因，**練習拆解你**
的害怕：(如果沒有想法，可回頭參考害怕 5 大類)

第一層：害怕的事物 (每次寫 1 個就好)：

　　　我害怕 _____

第二層：害怕的表層原因 (至少寫 3 個)：

　　　因為我 _____
　　　因為我 _____

因為我 _____

第三層：害怕的深層原因 (至少寫 5 個)：

寫出你的經驗：

因為我曾經 _____

因為我曾經 _____

寫出你的內心：

因為我害怕 _____

因為我害怕 _____

因為我害怕 _____

寫下來之後，是否更認識自己的害怕了? 你感覺如何?
**我們的每個「害怕」，都有它獨特的故事或原因。可能因為
遺傳基因、天生性格、原生家庭、成長經驗、壓力、創傷等。**

當我們在害怕時，會感到不舒服。在生理上，我們可能
會呼吸加快、心跳加速、胸口浮動、喘不過氣、雙手或身體
冒汗、發冷、發抖、想吐，甚至怕到昏倒，這並不是電影的

浮誇劇情；或心理上，害怕讓人坐立難安、膽戰心驚、優柔寡斷、躊躇不前、感到緊張、焦慮不安。我們的恐懼是多麼真實的存在，即使我們盡量避免自己所害怕的事，仍無法徹底地根治我們的恐懼。於是，我們花費了大量的時間在處理害怕、來來回回的與它們抗爭。若不根除，春風吹又生；陷入害怕的泥沼之中。實際上，**這些害怕與恐懼，佔據了我們苦難中絕大的成分**；而我們各種難受與負面情緒，與我們的害怕有關。

怎麼辦？重複多次深呼吸與吐氣，做一些伸展與拉筋的動作，幫助你身心的放鬆。別著急，因為處理慢性或深層的害怕，**需要時間**。暫且不強迫自己，處在自己恐懼的事物中，如：怕黑的人，就給自己開個燈；怕社交的人，也無須逼迫自己出入過多的社交場合。慢慢的拆解恐懼、一步步的練習與克服，就好像身體受傷後的復健，不可能一次到位，要慢慢的、重複的復健，幫助身體復原。聖經說：「*你在患難之日若膽怯，你的力量就微小。*」 *[143]* 害怕，讓我們的力量變得更微弱。那我們到底該怎麼做呢？

不要怕，神與你同在

上一步我們把「害怕」這舊房子給拆開了；接下來，要重構我們對害怕的認知，新建一個「勇敢」之房。

勇敢邁出第一步行動

練習勇敢，並不意味著要壓抑恐懼、或真的一生無所畏懼；而是即使很害怕，也願意試著去克服它、戰勝它。*「所以，**你們不可丟棄勇敢的心；存這樣的心必得大賞賜。**」[144]* 神曾從 32000 人中，選出 300 位勇敢的以色列人去打仗，一方面人少對抗人多，以色列的勇士們，才不會驕傲說是靠自己的力量打贏的；二方面，在為主作戰時，神優先選擇勇敢與警醒的人。*「凡懼怕膽怯的，可以離開基列山回去。」[145]* 害怕是人之常情，但因害怕而放棄行動，我們便無法戰勝人生的各種硬仗。不要回頭，勇敢的往前走、踏出去！當你**勇敢**邁出「第一步行動」的那刻，你的害怕就消失一半了。

別怕人，勇敢說「不！」

有時我們會害怕人，不管這個人是你的伴侶、家人、長

官、或朋友。大衛王的詩篇鼓勵我們：「*耶和華是我的亮光，是我的拯救，我還怕誰呢？*」[146]、「*有耶和華幫助我，我必不懼怕，人能把我怎麼樣呢？*」[147]，保羅也說：「*神若幫助我們，誰能敵擋我們呢？*」[148] 耶穌在世上時，眾人為他議論紛紛，只是沒人敢明明的講論他，因為怕猶太人[149]。群眾懼怕當時的權威—猶太領袖；因此不願與耶穌有任何瓜葛、不願公開討論他、更不願承認他。而在上位的彼拉多則因為群眾壓力，有權卻不敢釋放耶穌。耶穌說：「*我要求父，父就另外賜給你們一位保惠師，叫他永遠與你們同在。就是真理的聖靈，乃世人不能接受的；因為不見他，也不認識他。你們卻認識他，因他常與你們同在，也要在你們裡面。**我不撇下你們為孤兒，我必到你們這裡來。**還有不多的時候，世人不再看見我，你們卻看見我；因為我活著，你們也要活著。到那日，你們就知道我在父裡面，你們在我裡面，我也在你們裡面。*」[150] 聖靈將成為**我們**的力量！真理的忍耐並非縱容罪惡。如果你願意，練習**勇敢**的「拒絕」偏離信念的人事物、勇敢的向惡說「不！」。

延續史黛西的故事，她恐懼枕邊人韋德的家暴行為(語言暴力、肢體暴力或性暴力)。你可能很難相信，都 21 世紀了，

世界上親密伴侶暴力，卻有增無減的發生在我們本身或親朋好友身上。如果你隨意 google，會發現鋪天蓋地的訊息，例如：在中國每 7.4 秒就有一位女性受丈夫毆打；在加拿大平均 6 天一名女性死於親密伴侶之手等。如果你再查證可信度較高的數據，根據聯合國 ODC 統計，2017 年世界各地 87,000 名死亡女性中，58%是被自己的伴侶或家人殺害；該年因家暴死亡的女性人數最多的地區是亞洲高達 2 萬人。[151] 約 50%的南亞女性遭受親密伴侶的暴力。[152] 此外，世界衛生組織指出，全世界將近三分之一(35%)的女性，受過親密伴侶的暴力行為。[153] 聯合國婦女署表示，2020 年新冠病毒疫情，加劇了世界各地的性別不平等。[154]

是我們的行為讓人失去尊重，還是對方缺乏尊重意識？當我們先自重、原則清楚，他人自然會尊重我們，真的嗎？事實上，「對女性的暴力」屬於侵犯人權，**根源於性別的不平等**。[155] 家暴成因與考量因素之複雜，如：受教育程度、童年暴力經驗、容許暴力程度、性別歧視、關係滿意度、溝通不良、心理疾病、有害使用酒精、經濟因素、男權主義或男性控制行為等。可見女性要離開家暴，談何容易！這就是為什麼大多數(55-95%)女性受暴倖存者，沒有披露或尋求任何服

務。[156] **身為女性，面對家暴要如何自保？**

其實，暴力是可以預防的。首先，**安全第一！**盡可能將自己置身在安全環境中，保護自己不再受到傷害。請記得妳不是隻身一人，3 位女性就有 1 位有相同經歷。不管他說了或做了什麼，**請相信妳是有價值的、值得被愛的！**再來，我們可以增強獨立自主能力(如：經濟能力、行動力、教育等)。想想看，我們是使用哪種溝通方式？(例如保持沈默、一昧隱忍、破口大罵等) 為什麼溝通無效呢？有時我們為避免產生衝突，害怕的不敢表明界線、害怕為自己發聲會吵架；漸漸的妥協自己的底線，這默許的態度，導致對方越界不尊重我們。**提升有效的雙向溝通**，也有助於改善受暴。為什麼彼此的關係不平等？妳為什麼會考慮改變、站起來、為自己發聲？也許妳不想再縱容傷害、妳為了自己(或孩子)的身心健康與未來等；若是可行，我們需要提升對**兩性平權**的意識，訴求「尊重」，**妳絕不是一個附屬品，妳值得擁有平等的待遇。**在安全的基礎上，堅定的向施暴者說：「不！」若深感無助或力量薄弱，請務必即時的請求外界支援(如：諮商、醫師、社會服務機構、警察、法律等)；如果可以，請提供有效的證據(如：對話紀錄、錄音、影片、驗傷等)。[157]

別怕，開口求救！

大部分的苦難，是我們第一次面對的事，我們沒有經驗、措手不及；即使知道危難應該要發出求救訊號；但仍有諸多因素，使苦難者們不曾、不敢、不知該如何向外求救、更不知該向誰求救。**當我們實在無法面對時，別怕，勇敢的向人和向神「開口求救」，也是一種英勇的表現。**

我理解不想麻煩別人的想法，因為我也非常不喜歡麻煩別人；一方面是好意、二方面自己來就不會給人添麻煩了。我明白有些苦難真的難以啟齒，不知道從何說起、更不知道如何開口。但現在，可能是你人生中最需要幫助的時刻，**當你覺得你已經不堪負荷了，開口求救吧！** 試著打開心房，把你的困難需求說出來，接受他人的愛與幫助。在合理範圍內，別見外或不好意思怕麻煩別人。**相信我，人們都願意幫助你！** 你不是隻身一人。比如在西方文化中，尋求心理醫生或心理治療師的幫助，是相對普遍且被社會接受的，就好像感冒了去看醫生一樣的自然；孩子們有心事，除了找家人與朋友之外，不會排斥找心理輔導者談話。但在亞洲、非洲、拉丁美洲國家[158]，當人們有心理問題與疑難時，較習慣隱藏著，或只去找家人與朋友，因為在這些文化習慣中，去諮詢心理專

業並不普遍，且會感到有些丟臉與彆扭。

彼得在海面上走，看到風很大，因害怕下沉，就對主呼喊說：「*主啊，救我！*」[159] 實際上，彼得已經勇氣十足了，畢竟又有幾個人敢下船往海面上行走呢？在我們遇難害怕、或身處苦海幾乎要下沉時，試試看學習彼得，在害怕的第一時間，大聲坦白的向主求救說：「*主啊，救我！*」一句十分簡單卻有效的方法，開口呼求神，救你脫離苦海。

不要怕，神與你同在

撒母耳給一塊石頭取名「*以便以謝(Ebenezer)*」，意思是「*到如今神都幫助我們*」[160]。**當神幫助我們時，一切複雜而困難事情，會變得非常簡單。**當人對你說：「不要怕」，或許能給你有限的力量、微量的幫助，或者很遺憾的毫無實際效果；但是當這句：「不要怕，我與你同在。」是神親口對你說的，那就截然不同，神的話是帶有極大的力量與權柄的。

不要怕，因為神與你同在！[161] 不要怕，我們有神可以倚靠！聖經安慰我們：「*神叫孤獨的有家*」[162]、「*你不要害怕，*

因我與你同在;不要驚惶,因為我是你的神。我必堅固你,我必幫助你;我必用我公義的右手扶持你。」[163] 不要怕,「*主會成為你的自信*」[164] 事實上,我們的恐懼並不見得如想像的這麼可怕;只要我們願意給自己幾次機會。「*所以,我們只管坦然無懼地來到施恩的寶座前,為要得憐恤,蒙恩惠,作隨時的幫助。*」[165]、「*我雖然行過死蔭的幽谷,也不怕遭害,因為你(神)與我同在;你的杖,你的竿,都安慰我。*」[166]

在聖經中,人在害怕時,神是怎麼鼓勵選民、先知及門徒們呢?在舊約時代,神對亞伯拉罕說:「*亞伯蘭,你不要懼怕!我是你的盾牌,必大大地賞賜你。*」[167]。神向以撒顯現說:「*我是你父親亞伯拉罕的神,不要懼怕!因為我與你同在,要賜福給你,並要為我僕人亞伯拉罕的緣故,使你的後裔繁多。*」[168] 神也向雅各說:「*我是耶和華你祖亞伯拉罕的神,也是以撒的神;我也與你同在。你無論往哪裡去,我必保佑你,領你歸回這地,總不離棄你,直到我成全了向你所應許的。*」[169]、「*我是神,就是你父親的神。你下埃及去不要害怕,因為我必使你在那裡成為大族。*」[170]、「*我的僕人雅各啊,不要懼怕!因我與你同在。*」[171]

　　神曾在荊棘裡的火焰中向摩西顯現，荊棘被火燒著，卻沒被燒毀[172]。照常理來說，荊棘被火燒是會燒毀的；但因為神在其中。除了火中的荊棘，但以理的三個朋友，沙得拉、米煞、亞伯尼歌；被尼布甲尼撒王扔到比尋常還燒熱七倍的烈火窯中，但因為神派使者保護他們，他們的衣服、身體、頭髮，毫髮無傷[173]。我們在苦難中，彷彿身在火中，被火燒著，折磨的苦不堪言，但苦境中只要有神的同在，就算再怎麼被患難焚燒，我們也絕不毀壞、不受害。

　　當摩西將帶領百姓的職分，傳承交棒給約書亞時，摩西以一個過來人的身份這麼說：「*你當剛強壯膽！耶和華必在你前面行，他必親自與你同在，必不撇下你，也不丟棄你。你不要懼怕，也不要驚惶。*」[174] 當摩西死後，神也親口對約書亞說：「*我怎樣與摩西同在，也必照樣與你同在；**我必不撇下你，也不丟棄你。**你當剛強壯膽！只要剛強，大大壯膽。你當剛強壯膽！不要懼怕，也不要驚惶；因為你無論往哪裡去，耶和華你的神必與你同在。*」[175] 當年，社會新鮮人的我，隻身乘坐飛機離開故鄉，前往上海工作時，這段經文，給了我很大的勇氣與力量。

神也對士師基甸說：「*你放心，不要懼怕，你必不致死。*」[176] 神又對猶太眾人、耶路撒冷居民及約沙法王這樣說：「*不要因這大軍恐懼驚惶，因為勝敗不在乎你們，乃在乎神。不要恐懼，也不要驚惶。明日當出去迎敵，因為耶和華與你們同在。*」[177] 神曾對耶利米說：「*你不要懼怕他們，他們要攻擊你，卻不能勝你；因為我與你同在，要拯救你、搭救你。*」[178] 此外，神也對但以理說：「*大蒙眷愛的人哪，不要懼怕，願你平安！你總要堅強。*」神一向他說話，但以理便覺得有力量[179]。

到了新約時代，神照樣透過天使、耶穌或異象，對門徒們信心喊話。耶穌對門徒們說：「*是我，不要怕！*」[180]、「*你們現在也是憂愁，但我要再見你們，你們的心就喜樂了；這喜樂也沒有人能奪去。*」[181]、「*就是你們的頭髮，也都被數過了。不要懼怕，你們比許多麻雀還貴重！*」[182] 天使對撒迦利亞說：「*撒迦利亞，不要害怕，因為你的祈禱已經被聽見了。*」[183]、天使對馬利亞(耶穌的母親)說：「*馬利亞，不要怕！你在神面前已經蒙恩了。*」[184]；此外，主在異象中對保羅說：「*不要怕，只管講，不要閉口，有我與你同在，必沒有人下手害你，因為在這城裡我有許多的百姓。*」[185] 也許這

對你來說很挑戰，但不要怕開口、別怕說出你真實的感受或表達自己的立場；不要怕討論、產生疑問、或提出疑問；也不要怕思考，即使你在思辨過程中會產生衝突感。只怕我們的信仰僵化了、麻木了、形式化了。

或者我們會想：「人類文明發展已經到了一個程度，可以代替對未知事物的恐懼。」但真是如此嗎？假設是，為什麼大部分的人仍然活在害怕之中呢？為什麼在害怕 5 大類中，仍然有你害怕的事物呢？從美索不達米亞的兩河文明、古埃及文明、古羅馬帝國、延展至今 21 世紀的西方文明，為什麼人類仍舊存有不同的恐懼呢？人類的文明真的能徹底的戰勝害怕、無所畏懼嗎？我對此保持懷疑。你會發現，即使在 21 世紀初的筆下，人們無可避免的，還是有自己害怕的點；不論你所處的國家是否文明，人類持續的與害怕搏鬥。

以色列人在出埃及時，前方是海、後面是逼近的埃及軍隊，以色列人非常懼怕；他們眼前進退兩難、走投無路。或許此刻，我們正如同當時的以色列人一樣束手無策。但在神眼中，沒有任何盡頭，神為以色列人開路，將紅海分開。在

我們越害怕與越窘迫的情況，當神施行拯救時，就能大大的
彰顯神的榮耀。

　　綜觀上述的聖經經文，我們可明確的發現，神時常給正
在害怕與恐懼的我們，充滿力量的信心喊話：**不要怕，因為
神與你同在！**在你最痛苦、最害怕時，你會看到與領悟到，
神是怎麼不離開你、與你同行、做你的後盾。因此，如你願
意，我十分歡迎你常常練習方法1「戰勝害怕」。透過認識與
拆解自己的害怕，最終靠著神的話與應許，主必賜給你的勇
氣與力量，戰勝一切難纏的害怕。當我們戰勝害怕後，苦難
感消退了！你變得不一樣了！事情發生轉變了！你的人生也
改變了！

第6章 方法2—卸下憂慮

　　人生的憂慮是毫無止盡的循環，從出生、幼童、上學、工作、成家、立業、年老、死亡。今天解決了一個困難，明天又有新的問題浮現。大部分人是如此但不都是如此，擔心課業、人際、升學，能否順利畢業？畢了業，則擔心能不能及如何找到一份好的工作？有了工作，又擔心職涯能否順利、天賦如何發揮、事業如何發展？擔心錢賺得夠不夠、三餐能否溫飽、能否有個安穩的住處？沒對象時，擔心著能否與如何找到對的人(合適的伴侶／一生的真愛)？有了伴侶後，又擔心感情經營或婚姻的穩固度？生了孩子，擔心孩子的生存、健康、平安、與孩子的未來，甚至因過度擔心，而為孩子預設並決定未來。孩子長大，上述又再重新擔心一遍。

　　我們擔心要吃什麼、喝什麼、穿什麼，擔心天氣、交通、疾病、或意外，擔心明天與未來；擔心這、擔心那...，人生不

斷的為不同的事憂慮，無法停止更難以放鬆。我們的擔心清
單如同害怕清單，無限的延展下去。彷彿在打「擔心地鼠」
遊戲，永遠都有新的地鼠跑上來，等我們出擊，一波未平、
一波又起，沒完沒了。漸漸的，擔心與憂慮，成為一種無意
識的習慣，不斷地製造壓力荷爾蒙，讓我們處在封閉迴圈中，
煩躁而不得安寧。

先認清你的憂慮

與上個方法相似，現在我們要來認識自己的憂慮。「我
在憂慮些什麼？」抽絲剝繭來看，你現在煩惱些什麼呢？為
什麼事而焦慮？為什麼流下憂愁的淚？是擔心食、衣、住、
行嗎？是為了生活、家庭、工作、金錢、時間、精神、健康、
情感、課業、外型、夢想嗎？你是否會產生焦慮或強迫的行
為？如：一直拔頭髮或摳指甲；或某物明明擦得很乾淨了，
還一直不停的清潔擦拭；明明衣食無缺了，還不停擔心不夠
用想要更多；明明被愛著，卻總是焦慮的不相信愛。

如果你願意，不妨來釐清自己在擔心什麼，**將腦海中持**

續打轉的憂慮寫下來:

1.我擔心 _____

2.我擔心 _____

3.我擔心 _____

4.我擔心 _____

5.我擔心 _____

6.我擔心 _____

7.我擔心 _____

身為一個有血有淚的人,難免會有大大小小的擔心與顧慮,小則中午要吃什麼?大到要跟誰結婚?充滿憂慮又喜歡比較的人,較不容易滿足。「為什麼其他人都那麼幸福和無憂無慮?」有些憂慮,純粹是因人的期望過高、現實與期望距離相差甚遠而導致。實際上,每個光鮮亮麗的背後,都有著看不到的辛苦付出;每個人的身後都有個故事;每個人的生活也都有各自的煩惱、苦難與功課要面對。沒有人例外,**我們每個人都不容易。**

在寫下擔心項目後，若你不介意，我們同樣要拆解憂慮，「我為什麼憂慮？」：

第一層：擔心的事物 (每次寫 1 個就好)：

　　我擔心 _____

第二層：擔心的表層原因 (至少寫 3 個)：

　　因為我 _____
　　因為我 _____
　　因為我 _____

第三層：擔心的深層原因 (至少寫 5 個)：

　　寫出你的經驗：
　　因為我曾經 _____
　　因為我曾經 _____

　　寫出你的內心：

因為我擔心 _____

因為我擔心 _____

因為我擔心 _____

　　當你寫下來後，仔細地回顧，你有什麼感想？是否也覺得不可思議，一份擔心的背後竟有這麼細膩的原因？我們擔心的內容，大多是短期的、是現在進行式、是眼前的問題與阻礙。與害怕的內容相比，害怕偏長期與深層。

　　然而，過度擔心或長期憂慮的背後，往往有個曾經受刺激的傷口或創傷，它可能是一件事、一個人、或一個狀態，造成大腦的神經迴路，無法如往常正常的運作。所以每當碰到同樣的刺激，我們就會自動的產生難受、強迫、焦慮的行為；偶爾不小心隻身的回顧了創傷過程與細節，強化了記憶；有的人選擇逃避，但不管怎麼逃避，創傷就彷彿刺青一樣，烙印在你身上緊緊地跟隨你。我們因此感到鬱鬱寡歡、焦慮絕望、失去樂趣。大部分的擔心是因花太多時間專注在「擔心」上。

　　實際上，憂慮完全無法解決問題，還帶有副作用。當擔

155

心的頻率越高、數量越多，你的心理負擔越大、快樂越少、力量越弱、信心也越小(憂慮是信心的敵人)、內心也越不平安。耶穌說：「*你們哪一個能用思慮使壽數多加一刻呢? 這最小的事，你們尚且不能做，為甚麼還憂慮其餘的事呢?*」[186] 那麼，既然擔心對我們沒什麼好處，「有什麼方法能減輕我的憂慮嗎?」

別擔心，主賜你平安

同樣的，我們也要對憂慮作認知重建。在憂慮時，耶穌勉勵我們：「*所以我告訴你們，不要為生命憂慮吃什麼，喝什麼；為身體憂慮穿什麼。生命不勝於飲食嗎? 身體不勝於衣裳嗎? 你們看那天上的飛鳥，也不種，也不收，也不積蓄在倉裡，你們的天父尚且養活牠。你們不比飛鳥貴重得多嗎?*」[187]、「*所以，不要憂慮說，吃什麼? 喝什麼? 穿什麼? 這都是外邦人所求的。你們需用的這一切東西，你們的天父是知道的。你們要先求他的國和他的義，這些東西都要加給你們了。所以，不要為明天憂慮，因為明天自有明天的憂慮；一天的難處一天當就夠了。*」[188]

別擔心！眼前的困難，會有解決辦法的！當我們牢牢地先抓住神，神自然會看顧你的生活、為你的憂慮開一條路。我明白，要停止憂慮或完全不擔心，實在很困難。如果可行，練習止損吧！別再無限擴張你的煩惱，擔心都是多餘的。

請你放心，主耶穌會賜你平安，即使你正歷經著大風大浪，這深層的平安，將如泉源般，在你心中源源湧流不斷；這平安能消除你一切的憂慮。耶穌正邀請雙肩沈重的你：*「凡勞苦擔重擔的人可以到我這裡來，我就使你們得安息。我心裡柔和謙卑，你們當負我的軛，學我的樣式；這樣，你們心裡就必得享安息。」* [189] 既然不堪負荷，現在到耶穌面前來吧！主會給你安息與安慰。效仿祂柔和謙卑的特質，你心理的負重會減少些。*「你要認識神，就得平安；福氣也必臨到你。」* [190] 焦躁削薄了我們的力量；平靜下來，使我們從新得力，*「你們得救在乎歸回安息，你們得力在乎平靜安穩。」* [191] 英文翻譯較貼切：你們得救在乎回轉與休息，你們得力量在乎安靜與信任。

我們既是神的受造者，神對我們自然是瞭若指掌：我們的性格、遭遇、背景、心思、個人歷史、甚至幾根頭髮祂都

一清二楚；更不用說你的煩惱了，祂比你還清楚。*「你們要將一切的憂慮卸給神，因為他顧念你們。」* [192] 問題是，我們的憂慮往往卸載得不夠乾淨。神是你最大的垃圾桶，透過「禱告」(見第 9 章)，定期的把你心中的垃圾卸貨給神。你不用擔心會打擾祂、或祂會嫌你煩，不會的，祂是神，神無所不能，天底下再困難或不可能的事，在祂眼中都太簡單了。凡是你人生打結的毛線、解不開的繩索、破不了關的關卡、過不去的坎、好不了的傷、想不開的事；你過去的問題、現在的難處、和未來的憂慮；**把所有擔憂通通卸給神！** 祂是在意你的，祂會以超乎意料的方式幫你解決；你相信嗎？如果你仍常常擔心東擔心西，你可以向神禱告：「求主教導我如何完全的將憂慮卸給祢」、「求主賜我智慧，去克服我一切的憂慮」、「求主引導我靈活的思考，但不至於過度的煩惱」、「求主釋放我的完美主義」、「求主賜我平安，使我不再擔心」。經上說：*「神也必引你出離患難，進入寬闊不狹窄之地」* [193]

　　有時人生看似暫停了、靜止了，其實是一份安靜的祝福。你只是受挫了這一次，哪怕是挫敗了好幾回，都並不代表你是個失敗的、次等的、或沒價值的人。在神的眼中，你是祂

創造的、是有價值的、更是珍貴且獨一無二的人。當你擔心到完全絕望與無能為力時，神有能力重新賜你希望與力量。無論你現在的處境有多糟糕、淒慘和悲苦，你仍有機會徹底地轉身變得更好！別放棄，就像神從未放棄你一樣。還記得過去你在絕境時是如何度過的嗎？別擔心，主會賜你平安！

若你聽見世上有作惡多端的人告訴你：「天下太平了、世界和平了、平安了！」，他們卻依然行事貪婪、虛謊、欺壓眾人。耶和華說：「*他們輕輕忽忽地醫治我百姓的損傷，說：平安了！平安了！其實沒有平安。*」[194] 可見，人無法給你真正的平安；但耶穌可以。

戰勝苦難的方法 2，在認識自己的憂慮後，讓我們一起練習「卸下憂慮」。每當意識到自己雙手又再抱著沈重的「擔心紙箱」，卸下來給神吧，讓神為你扛！你將能從神那獲得真平安。

當我們的害怕與憂慮，在內心同步翻騰時，想想耶穌親口對我們說：「*我留下平安給你們；我將我的平安賜給你們。我所賜的，不像世人所賜的。你們心裡不要憂愁，也不要膽怯。*」[195]

第 7 章 方法 3—練習喜樂

苦難中的不快樂

人在順遂、安逸、慶祝時要快樂實在很容易；但當我們在苦難中，身心都受到極大的痛苦，自然快樂不起來，這是一種不舒服、不開心、不快樂，恆常負面的狀態。我們心想：「身處在苦難中的我，連微笑都有困難了；我又怎麼可能開心得起來？」、「我也想脫離這種惡性循環；但叫正在受苦的我要喜樂，這不是強人所難嗎？」當我們失去喜樂，會接著失去力量；沒有熱情與驅動力，所作的事就越來越沒有意義，呈現價值感與意義感的缺失。當然，有另一種不快樂是源自於「罪」。越苦越不快樂，越不快樂越苦，兩者加乘效應。究竟，身處在苦難中的我們，「到底要怎麼重新喜樂起來呢？」

快樂三層次

「快樂的秘訣是什麼？什麼才是最深層的快樂？怎麼得到？」人們會感到快樂，往往是因為一件事、一句話、一個狀態、一個行為、一個物品，符合了你的期待、如你的心意、達成你的需求、解決了你的問題等；也因此，不少人喜怒無常、情緒不穩定；因為人生不如意十之八九；就像約拿因環境與遭遇的變遷，情緒大起大落。要破解這個現象，先要認識快樂。我認為，快樂可以分為三個層次：

1. **淺層的快樂**：來自於「外在環境」；例如：飲食、物質、娛樂、消費等，是形而下的。

2. **中層的快樂**：是來自於「內在情感」；例如：修復與自己的關係(原諒、饒恕、接納自己)、被愛著(愛情、親情、友情)、成就感、體驗等，是形而上的。

3. **深層的快樂**：在聖經中稱之為—喜樂，是來自於「神和神的愛」，它也是形而上的、眼睛看不見的、深層而內在的、它是源源不絕的，亦是任何處境、任何事件、任何患難，及任何人都拿不走的。例如：感謝的

心、因著神的愛而去愛神和愛人，靈修建立與神的關係。

越深層的快樂，快樂的持續力越久。簡單的說，淺層快樂就像顆普通電池，續航力較短，一天就沒電了；而深層快樂(即喜樂)就好比一顆超級電池，可以一個月都電力飽滿，甚至更久。淺層的快樂是由外而內，深層的快樂則是由內而外；喜樂在乎你的心境、你的選擇、和神的同在。我們在熬煉中，才能真正的明白什麼是喜樂，喜樂是一種選擇。

　「雖然無花果樹不發旺，葡萄樹不結果，橄欖樹也不效力，田地不出糧食，圈中絕了羊，棚內也沒有牛；然而，我要因耶和華歡欣，因救我的神喜樂。主耶和華是我的力量；他使我的腳快如母鹿的蹄，又使我穩行在高處。」 [196] 這是哈巴谷先知的禱告，雖然處境不優、眼前情況不佳，但他仍因神而喜樂有盼望，這就是一種深層的快樂。

　可見，**喜樂的核心是來自於神**，在神的膀臂下，你會得到恆常的安全感、安穩感。*「你就要以全能者為喜樂，向神仰起臉來。」* [197]

苦難中的最高境界是一喜樂。人遇逆境的反應及態度，

可看出其人的智慧。苦難是一張信仰的考卷，我們大可以填入埋怨、憤怒、和悲傷；但我們也可選擇填入信心、忍耐、和喜樂，選擇逆轉勝。在苦難中選擇喜樂，聽起來有點荒唐又不可思議吧？在使徒時代的羅馬政權下，宗教是不自由的；故此使徒彼得與保羅，都因信仰的緣故坐過牢。但即使他們被抓到監牢中，他們仍舊因為信心而喜樂。照常理判斷，有誰坐牢還能喜樂呢？ *「在患難中受大試煉的時候，仍有滿足的快樂。」* [198] 保羅受過不少苦難[199]，他不但曾下監牢，也常受勞苦、受各種挨打(被鞭打、棍打、石頭打)；但他卻仍在苦境中禱告神、讚美神；在患難中顯出信心、愛心和耐心。*「就是在患難中也是歡歡喜喜的」* [200] 而雅各也說：*「我的弟兄們，你們落在百般試煉中，都要以為大喜樂。」* [201] **喜樂，是使徒們戰勝苦難的秘訣。**

具備空前智慧的所羅門王說：*「喜樂的心乃是良藥，憂傷的靈使骨枯乾。」* [202] 這句話，常在各大醫院、診所、或藥單上出現，鼓舞了許多處在病痛中的人。我們暫時無法選擇我們的處境，但我們可以決定我們的心境，心境與看事情的角度稍微一轉，一切就會柳暗花明。面向陽光，你就看不見陰影；**面向神，喜樂與盼望就會從你心裡散發出來。**

　　要戰勝苦難，我們需要重拾喜樂。為了提煉出源源不絕的喜樂，**我們需要苦中作樂**，也就是在苦難中找喜樂、刻意的練習喜樂。它藏在生活的微小細節中，只要你願意，喜樂是可練習的，它會讓你整個人比先前舒服很多。以下分享**中層和深層快樂的秘訣**，那為什麼沒提淺層快樂呢？因為世人其實都很擅長也時常在做。(例如：逛街購物、追劇、看電影、打電動、吃大餐、喝飲料、去 KTV 唱歌、打扮等等)，淺層快樂也有幫助，只是對戰勝苦難的效果較有限。假設你在練習喜樂的過程中，你的思緒心境與行為，又莫名的被拉扯回苦難境地，又返回到原本慘淡與負面爆棚的狀態；沒關係，讓自己休息一下，休息好了再出發！現在，請給自己一次機會迎接喜樂「好吧…我願意開始練習喜樂；但要怎麼做呢？」

中層快樂的秘訣

拆解你的不快樂

　　你是否觀察過自己的情緒變化？你知道自己為什麼開心，又為什麼不開心嗎？什麼事情會讓你不快樂、憤怒、焦慮？

你不快樂愁容滿面、板著撲克臉很少笑，是為什麼？你說：
「我搞不清楚，但就常覺得不快樂…。」

　　現在，想一想並寫下來。與前 2 個方法相似，先寫下表層原因（如果卡住寫不出來，可翻回第 5 章參考「害怕 5 大類」，找到自己不開心的原因）；**再拆解並分析深層原因**。如今的你對自我分析已經不陌生，多練習觀察與分析自己：「我為什麼因此不開心？為什麼會有這樣的反應？為什麼反應這麼大？」你將驚奇的發現：「原來這些是我的地雷、原來我這麼糾結與在意這幾點、原來不快樂並非表面情緒而是內在原因。」，**最後寫出解決方法**。一層又一層，像剝洋蔥一樣。你又突破了！越來越能駕馭任何不愉快，而不再被表面情緒擺佈。唯有透徹的了解自己，你才能完整地接納自己。要是可以，記得通通寫下來，以文字來梳理思緒十分管用。

練習照鏡子笑

　　練習照鏡子微笑或大笑，聽起來很呆，但是很有用喔！微笑與笑聲是有感染力的，在視覺上看見自己開始笑了、在聽覺上聽見自己笑了，你整個人再灰暗都會由黑轉光。笑容，

能讓旁人感到溫暖、溫柔、放鬆、沒有隔閡。每天大笑，能
紓壓、保持年輕、增加抵抗力、有益身心健康。我的外婆是
一個非常樂觀、且看不出實際年齡的可愛老人，我問她：
「外婆，妳快樂的秘訣是什麼？」，她說：「我每天一定會
大笑三聲，哈！哈！哈！」不管她處境如何，這是她快樂的
秘訣。悲觀的人會說我失去什麼，樂觀的人會說我還有什麼。
若連自己都厭惡鏡中的自己，要他人如何來愛我們呢？不開
心也是一天、開心也是一天，心態最重要。不論如何，保持
微笑，如果你平常不愛笑也沒關係，多多照鏡子練習微笑，
微笑是最好的裝飾。

　　如果你的生活與處境讓你怎麼都笑不出來，你可以跟有
趣的人聊天、看輕鬆有趣的東西，例如：看笑話、看梗圖、
看喜劇、看脫口秀；仍覺得沈重再看一些，我不敢說這能讓
你從今以後徹底的快樂起來，但這真的有幫助！(或者能幫一
點忙)。為生活增添幽默感，讓自己放輕鬆，人生已經很難、
很高壓了，我們不需要總是那麼嚴肅。練習微笑、保持微笑、
每天大笑，讓你的快樂感由內而外的散發出來。

減少期待與苛求

你總是期待他人能完全的懂你嗎？認為他或她，應該猜透你的任何眼神、瞬間、和舉動嗎？你曾因為別人對你不夠上心，付出的不如你多，而感到失落嗎？你曾因為誰沒把你持續擺在第一順位，而大發雷霆嗎？你總覺得自己的要求很合理，但對方卻感到壓迫與不適嗎？你因為重要的人不符合你理想的角色，進而對他或她感到不滿嗎？你滿心期待著重要的日子，能符合你的憧憬與幻想，但實際上卻大失所望嗎？你期待著孩子能為你圓夢，達成你自己都辦不到的事嗎？你常因為他人沒達到你的期待，而不快樂嗎？

開心與失落是一種對比，極大的失落是從很高的期待跌下來的；反之，極大的開心，是從大失落或平靜的零期待而瞬間上升的(例如：驚喜)。若我們對人對事，長期處在過高的期待中，失望的機率也相對增高。你常常因為失落感而不開心嗎？你時常因為小事，而過度反應嗎？你會不會一而再，再而三地翻舊帳呢？你可以打破這種惡性循環！**其實，真正讓你失望的不是人，而是你的期待。**

你說：「我若不期待，人生還有什麼期待可言？我若不苛求，怎會有進步？」這裡並不是說期待本身有何問題，而是當人內心預設了過度的、過高的、不適當的、或不合理的

期待，這高標設定，會抹殺後續的快樂，並削弱感激成分；長期累積下來，則會破壞人與人的關係。故此，對人對事不抱著過度期待，自然就能大幅的降低失落感。

顯然上述的疑問句，都存在一個「過度**自我中心**」的狀態。換言之，不妨放寬心的理解，其實沒有任何人有義務對你做任何事；當人能做到心如止水時，內心會平靜安穩、神情會淡然自在，心思不再糾結於微小而真實的瑕疵，反而會意外的發現生活處處都是快樂、感動和驚喜。

快樂若建築在過度的期待上，反容易導致不快樂。**練習接納自己及別人**，努力做到盡善盡美固然是好事，但用力過猛、要求的太過苛刻，會讓自己或旁人感到不快樂或壓力山大，氣氛瞬間進入低氣壓，因此錯過了稍縱即逝的美好與珍貴的當下，那就適得其反、得不償失了。如果你不能控制自己內心無謂的聯想與不必要的期待，或許可以減少去看任何會讓你產生負向情緒及製造不合理期待的資訊。

你要的期待，可以自己動手去實現；比方說你一直在等某人打電話給你，但始終等不著，不妨主動打過去，或許對方真的在忙，你可以留個訊息。妳一直在等誰給妳一束花，

何不為自己買一束花呢？快樂真的可以很簡單，我們只是把它想的太複雜了，一不小心加油添醋把簡單的快樂給繁雜化了；其實，簡單有它純粹的美。兜了一大圈，人的各種假設與猜想都不是真的，最純淨簡單的快樂才是。如果可以，讓我們練習減少期待與苛求吧！

他者安慰法

他者安慰法，就是用第三人稱來安慰自己，這是一種有用的角色轉換法，可以讓你抽離或取代總以「我、我、我」的角度看待任何事情。面對絕望的事，如果你習慣用第一人稱來描述，你會更容易陷入自憐自艾的漩渦中、往壞處想因而深陷其中。「可是我不太會安慰人，也很少安慰自己…我該怎麼做？」

不論你是要對著鏡子、獨自坐在椅子上、用手機或電腦打字、或拿起紙筆寫字；哪一種方式與自己對話都行。首先，請先用第一人稱「我」，說出或寫下自己的處境、心情、感受、想法。接著換個角度，用第三人稱的安慰語，以正面的話重新鼓勵自己，凡事往好處想；就像一個溫暖的大姊姊或

幽默的大哥哥，換別人的眼鏡看世界。內容不限字數，可以
是簡短的一句話、幾句話、或寫日記（他者安慰法，屬於有療
效的日記）。

舉例來說：

首先，班傑明(Benjamin)用第一人稱，描述自己現在的心
境與苦難：

「我一邊努力工作養家、一邊照顧生重病的家人，摯愛
上個月剛去世了，這樣的生活真的太有壓力了，我好想放棄、
好想逃避…。」

班傑明再用第三人稱，也就是他者安慰法，來安慰自己：

「班傑明，加油！你做得很好、你很偉大！雖然日子難
免有掙扎，但主耶穌都陪著你走過，祂知道你的苦、深知對
家人的愛與付出，你辛苦了！會過去的，一定會苦境甘來
的！」

現在，換你試試看：

我現在的心境與苦難是：

_____

_____

_____

_____

_____

用第三人稱來安慰自己：

_____

_____

_____

_____

_____

未來眼光法

未來眼光法，就是善用時空轉換的思考，超越當下的困境。回想你 5 年前或 10 年前煩惱的「那件大事」，你可能甚

至曾為此吃不下、睡不好、生出白髮、淚眼汪汪；但現在你還擔心嗎？現在根本忘記了、不在意了、釋懷了、能微笑淡然面對了，不是嗎？今天再大的事，2 年或 5 年之後，都是微不足道的小事了。

所以，不要煩惱了，也許最慘就是現在，你只要度過現在，明天(下個月、或明年)就沒事了。雖然當前的處境很困難，但請相信一定有方法！如果你幾乎快要放棄了、或者還躲在床上，不妨試試先離開床，泡杯咖啡或茶、打開窗戶、讓陽光灑在臉上、靠近綠植呼吸新鮮的空氣，對自己說：「明天會更好！」

用未來的你(2 年、5 年、10 年、甚至 20 年後的自己)，來看待此刻的憂慮與苦難，你會豁然開朗。人生的不愉快，只是一小部分，不是全部。未來眼光法，可以幫助我們超越當前的困境與負向思緒，轉化為平靜與智慧。

更具體點，想像一下，10 年後自己的狀態與樣貌，寫下來，越具體越好。為未來的自己取個名吧！比如我叫小敏，我稱 10 年後的自己為大敏。這兩位可以時常對話。大敏與小敏對話時，就像一個成熟的大姊姊，在對幼稚的小妹妹說話。或者，可用 10 年後的自己，寫封信給現在的自己；你將能快

速得到力量。

人生有時就像你曾經有一手好牌，卻不小心被自己給打壞了嗎？沒關係，這一局結束，**還有下一局呢！**只要你還有一口氣，就有出路、就能突破、就有希望。人生也像一部影集，這一集雖然是痛苦的收尾，但還有下一集呢！只要你還活著，你的故事就是進行式，**故事還沒有結束；**千萬別任憑它，輕易地、發洩地、報復地轉向罪惡，那才是真正的悲劇。若你曾給自己的人生貼上「悲劇」的標籤，此刻請將它丟掉，換成「劇情的轉折」，你完全可以捲土重來，改寫故事。

接受人的愛與幫助

在苦難中獨自躲起來承受，是很常見的反應。但你也需要被理解、被善待、被照顧。若是可行，與你的支持系統保持聯繫，確實很有幫助。不管是透過社群媒體、簡訊、通話、視訊、郵件或見面，都值得試試。

誰是你苦難中的支持系統？想想看，你在與哪些人相處時感到開心、舒適、契合、沒有壓力？哪些人在你有困難、

情緒低落時，願意出面陪伴與鼓勵你？你心情不好時，會想要跟誰聊聊？誰十分值得你信任？你會想向誰坦承困境與軟弱？那他們就是你的支持系統。

也許是你親近與信任的人(家人、朋友)；也許是體諒你的成熟人或正直的人(恩師、教友、傳道等)；或是專業人士(醫師、心理醫師/治療師/諮商師等)；亦或是與你同質性高的團體(群組、團契、小組、社團、社區、互助會、校友會、同鄉會、運動俱樂部、讀書會、宗教團體、義工服務等；與你情況相似、有相同經歷、背景、處境、或興趣者)。「三股合成的繩子不容易折斷」[203] 當你加入了自己認同的團體，哪怕剛開始很陌生，漸漸的透過人與人的相處和交流，你會產生歸屬感。

我們學習愛，首先要接受愛。並非所有的愛都是交易行為，愛沒有想像得如此複雜與城府。當你在軟弱沮喪時，為什麼別人要不斷關心你？只因為愛你、關心你，為了你的生命(或靈命)、因為心中有愛，就這麼簡單。當我們覺得別人煩時，要記得別人不欠你、更沒好處。接受愛，是持著一顆知足感謝的心，深知所接收的愛，沒有一份愛是理所當然的，

也沒有任何人有義務對我們做這些事，不論是點頭之交還是親近的人，都是基於愛的緣故。而勒索愛則是得寸進尺、予取予求、不知感激。本書推崇良性的接受愛，而非惡性的勒索愛。

　　不管你最終選擇去找誰幫助，是尋求專業、尋找信任者、或是鼓起勇氣加入一個團體，都是一個很大的飛躍與進步！如果你願意，試著袒露自己的困難與心情(自我揭露)，讓他人更認識你，彼此鼓勵、激勵與互助，便能與人連接。那麼我們將會感受到豐富的愛、力量與安慰；它們都能給你帶來快樂。倘若你實在找不到、不想找、或你已經找過了支持系統，但卻始終無人能給你帶來安慰，反倒更愁煩；不要緊！接著看。

從小而少的習慣開始

　　當我們連最喜歡的事都無力去做時，那是何其大的沮喪？試問，如果苦難移除了、如果你有更多的精力，你會想要做什麼事？生活中微小的改變，可以幫助我們的心理狀態更舒適。在苦難時，生活淒慘、生活品質驟降、連帶影響正常作

息、產生各種惡習、影響個人健康、破壞家庭氣氛，及與人的關係。這些不好的狀態與尚未好好檢視的舊循環，侵蝕並消耗你的能量。一方面陣亡，各方面連環受影響，以致無力也無心再去面對。

沒關係！不論你現在幾歲，調整習慣永遠不遲；現在砍掉重練，為習慣排毒，習慣影響人的快樂感。「*你的日子如何，你的力量也必如何。*」[204] 這些貌似微渺的事物與習慣，都帶有極佳的療癒功能(音樂治療、藝術治療、環境治療等)。於此同時，減少做讓你不開心的事。

培養一項新技能或新習慣時，秘訣是從「小而少」開始。一點點慢慢來，重複的練習、疊加、增強。若目標一次設定的太高、太大、太多、或太難，容易感到挫敗與氣餒。

比方說，你想要養成運動的好習慣，讓身心健康狀態變得更好；但你從來沒有運動習慣，就無須一開始逼迫自己每天運動 1 小時，因為當目標設定太高遠會堅持不久、產生挫折感。先從每天 5 分鐘(甚至 1 分鐘)，連續 3 天。如果你辦得到；再追加天數(挑戰每天 5 分鐘，連續 5 天)，或追加時間(挑

戰每天 8 分鐘，連續 3 天)；**這就是滴水穿石的力量。**習慣清單可以無限的延展下去，發揮你的創意，充實並有意義的忙起來，熱衷你的興趣或目標。也許苦難暫時與你共存，但這些極小的習慣可以帶給你正向力量，例如：

- **學習與體驗：**一竅不通或新手一枚，完全無所謂！只要你有興趣就去體驗，學習任何你感興趣的新技能、為自己設定小目標，開心地創造、邊玩邊學，這種成就感與新體驗，能帶給你快樂。例如：看書(先看你有興趣的書)、學寫作、學畫畫、學煮菜、學修東西、學新語言、學溝通、學音樂、學新科技、學運動…等。不用花大錢，網路上 YouTube、Khan Academy 都有一堆免費課程；你總能找到符合興趣的事，或者精進自己的專業。

- **去運動：**運動對激活大腦與心情改善有著顯著的效果；運動的腦內啡和血清素，能大幅的幫助你的健康並獲得快樂。健身、跳舞、打球、跑步、游泳、滑雪等任何你喜歡或不討厭的運動都好，去流汗吧！如果你實在懶得運動，哪怕只是踏出門散個步、或在家拉筋 1

分鐘，也是一大前進！

- **出門**：現在，不妨起身去你家附近的超市，買一杯飲品或拾起一顆蘋果，與人聊聊天。去新的地方走踏或旅行、沒去過的地方探險、**去接觸大自然**，去海邊看海浪、吹海風、聽海的聲音；看山爬山、在河畔旁走走、去樹林聽鳥鳴聽蟬叫；再沒有，去家裡附近的公園也很好，**勇敢的踏出門就對了！**

- **音樂**：每天聽一首喜歡的音樂、跟著它一起唱歌或跳舞；用音樂來療癒你、安慰你。

- **飲食**：這裡說的不是暴飲暴食、或酗酒買醉這種讓人快樂倒退的飲食習慣；首先你觀察下自己吃什麼會開心，喜歡什麼食物、沒嘗試過什麼食物，加入自己的三餐清單吧！慢慢的品嚐、適量與用心的享受飲食。又如每天起床一杯溫水。

- **睡眠**：睡飽睡好是種奢侈品。想辦法睡飽睡好 8 小時，如果可行再加上充電午睡(power nap)。睡眠影響大腦、

身體機能、情緒等各種狀態；更多睡眠知識推薦
《Why We Sleep》這本書[205]。

- **整理家**：整理與清掃環境(洗/曬/折衣服、洗碗、丟
  垃圾、掃地拖地、擦桌子、擦鏡子等)，丟掉多餘的
  物品，DIY 或整頓傢俱，放束鮮花、養個綠植等；營
  造良好的環境，讓空氣流通、讓陽光或光線灑進你的
  空間、富有生命力、乾淨整潔等。當你眼前的感官
  (視覺、觸覺、嗅覺等)通透宜人、整潔乾淨了，你
  內心世界也會相對舒適起來。

- **寵物**：人們能從與寵物、音樂、或與大自然的連接中，
  汲取人生的樂趣[206]。最常見的就是養狗或養貓，雖然
  寵物不會說話，但與心愛的牠一起生活和互動，呵護
  並疼愛牠們如家人一樣，確實能獲得滿足的快樂感。

上述清單提供你激發靈感，聰明如你，一定能想到更棒
的點子延展快樂小習慣清單；市面上也有很多培養習慣的好
書，如《Atomic Habit》[207]。當然，我們無須全部都做，如果
你願意，不妨選 1 個項目中的 1 個小習慣，是對你重要的習

慣，不是對我重要的習慣。例如你選了「飲食」裡的挑戰 7
天「每天起床一杯水」。

如果你不那麼沮喪了、也有力氣了，你會想要做什麼事?
或許這些事，才是你真心想做的事。也許你覺得動力不夠，
若要量化動力 1 到 10 分，現在大概只有 1-2 分，但 2 分真的
就足夠了!只要一點微弱的火苗，就能點燃戲劇性的變化。
給自己一次機會，從明天開始吧!

深層快樂的秘訣

感恩小簿

如果你得到了一杯免費的咖啡，往杯裡一看，裡面裝了
半杯咖啡;你會認為「有半滿的咖啡，真好!」還是「只裝
半空的咖啡，太過分了吧!」?兩個描述都是對的，只是觀
看的角度不同。知足是一種選擇;感恩即是先看你有的，暫
時不執著在你無的，如此你會更加知足與快樂。*「敬虔加上
知足的心便是大利了;因為我們沒有帶甚麼到世上來，也不*

能帶甚麼去。只要有衣有食，就當知足。」 [208] 當你有的時候，
再有更多就沒有意義了。

　　懂得感恩的人，常透過不同的方式道謝，口頭說謝謝、
或透過行為表達謝意。有人幫助我們，我們不要忘記他；我
們可以選擇報答他，或把愛傳下去。當我們心存感謝的心，
就會減少與降低各種負面的不適感(埋怨、不開心)。在聖經中，
有 10 個被主耶穌醫治的大痲瘋病人，但只有一個外族的撒瑪
利亞人，回來感謝主；另外被醫治的 9 個人，並沒有回來歸
榮耀給神[209]。舊約記載了一個名叫亞比該的女人[210]，她是個聰
明俊美又有見識的婦人，因她的知恩與報恩，帶著禮物去見
大衛，又用一席智慧的話，讓大衛息怒不報血仇。如果當時
少了亞比該這份感謝的心去迎接大衛，她家的男丁將會一個
也不剩的全被殺光。懂得感謝的大衛王寫了一首詩，開頭說：
「耶和華是我的牧者，我必不致缺乏。」 [211]

　　人在順境時要感謝較簡單；然而，在逆境中仍感謝，實
為困難，其人必定具備了極高的智慧與靈性。聖經中的但以
理身處惡境，還像平常一樣，一日三次做感謝禱告；這就是
逆境的感謝[212]。曾有人分享：「東西被偷了也感謝神，因為

可以買新的(笑)。」選擇幽默且知足地看待逆境，以取代苦毒與埋怨；講起來很簡單，做起來很挑戰。不管面對什麼情況，知足常樂是我們能選擇的，如朋友陶陶(Tina)與我分享：「我很感謝神，因為我在上海的日子，沒有餓著、也沒有凍著。」她在最基本的生存上，常保知足。

「要怎麼培養知足感恩的心，提升幸福快樂的喜樂感呢?」與你分享一個方法，我將它稱為「感恩小簿」(或你想取名為謝謝筆記本、感謝書、謝謝檔案、感恩小語都很好，看你喜歡)。人類感到不滿足、不知足，其實有時是缺少了可視化或紀錄化的小動作。而感恩小簿，正是用來練習每天感**謝的習慣**。現在，試著拿一本實體筆記本，或開一個電子檔文件(google doc, word, pages 都可看你方便)，每天在裡頭簡單的紀錄著 1.日期、2.感謝誰、3.感謝什麼事，結束！非常簡單，每天短短的一句話就好了。每天數點著每件值得你感謝的人事物；如果嫌每天太多，一週寫一句話也可以。我的感恩小簿裡面有成千條的感謝文，隨機分享幾句例如：

- 2015.1.24：感謝神，讓我在安息日聚會的禱告，聖靈超級充滿。

- 2016.10.1：感謝媽咪，一大早的來機場接我。

- 2017.9.13：感謝爸媽(公婆)，帶洗牙機來送我們小夫妻，媽媽還親手做了好吃的豆沙餅。

- 2018.4.5：感謝老公，驚喜的下班買了一個孕婦枕頭給我，因為這幾天我告訴老公說我(懷孕後期)不好睡。

- 2018.6：感謝媽咪，特地從台灣來加拿大幫我坐月子、做家事，然後沒有任何怨言。

- 2019.1：感謝好友 Anny，今天送來 Anny 媽煮的一整桌菜(有手工麵包、好吃的鮭魚)，讓我在生病時不用煮菜，全家有晚餐可以吃。

- 2020.12.21：感謝好友 Yien，從紐約寄來一盒驚喜禮物與一張很暖心的卡片。

　　相信你的感恩小簿會有自己的書寫風格。感恩小簿的內容是紀錄感謝，可以是各種不同的「愛的語言」[213]、生活中看似細微卻對你有巨大意義的小事物、有家人或好友的陪伴、有神的同在、誰與你分擔困難及分享美好等。

　　為什麼一定要寫下來呢？請不要太相信自己的記憶，即使你記憶超群，對於每天發生的小恩小惠，人都是健忘的！久而久之，從受寵若驚變成習慣，從習慣再變成理所當然，

你就看不見每天發生在你身邊，那些微小卻不微小的愛了。
但是，當你每天、每週、或每當有小感動與小開心，都具體的把它寫下來時，你會發現，每週寫一條，一年就有 52 條；每天寫一句，一年就有 365 句。

在你不知足、不快樂、身處在苦難中時；你翻翻感恩小簿來看，原來生命中曾發生這麼多看似平凡卻不平凡的幸福瞬間，原來人生有太多值得你感謝的人事物。它讓你真切的看見，你並不是一個人，有人關心你、在乎你！你會滿心的感謝與知足、會得到滿滿的愛與力量，讓你想不快樂或不微笑都難。

去愛

我們心想：「我都已經在苦難中了，怎麼又有心思、有可能去愛呢？」、「我實在沒有能力和力氣去愛人了…。」、「我這麼痛苦，現在去愛，會不會傷痕累累的回來？」我能明白身處在苦難中的你，不敢、不願意、無力去愛、或不想再次去愛的心境。因為去愛似乎吃力又費勁、麻煩又花心思、甚至還會有受苦、受傷、吃虧與犧牲的風險。如果我們執著在對方的缺點、如果愛的抽屜是空的，沒有了愛，我們確實

很難去愛別人，但空的也不要緊，愛是可以培養與鍛鍊的。

中層快樂是接受愛，而深層快樂則是「去愛」。事實上，去愛的好處，遠遠大於不去愛。當我們在愛中，就不再害怕；愛會產生一種源源不絕的能量，一直往外擴散。或許我們不難察覺，越無私的利他者越快樂？去愛吧！去愛讓你得到喜樂。

因此，無論是跟你愛的人在一起(家人、朋友)，珍惜相處時光，好好的經營重要的關係；或是去幫助需要的人，有句話說:「助人為快樂之本」。愛並不是什麼拯救世界的高遠大志，我們可以從身邊做起，從很細小的事情開始，付出我們小小的愛。哪怕只是出門前給伴侶一個擁抱、路上遇到摔倒的人幫助扶他起來、幫好朋友泡杯咖啡、與摯友傳個簡訊吃頓飯、給父母打通電話、幫父母處理他們陌生的科技產品、陪孩子讀本故事書或到公園玩、給朋友寄張卡片、與鄰居微笑打招呼、陪老人聊天安靜的聽聽他的故事、給來家裡修理水電的工人倒杯茶、跟收銀員/快遞員/服務生說句：「謝謝你辛苦了」…等。慷慨的分享，多欣賞別人的優點，你的世界就會不一樣。

　　當然，除了去愛人，我們也可以試著去愛神。愛神大有益處，神，也就是耶和華，必定會指引他的路、在他們四周圍安營隨時搭救他、為他開啟智慧、使他一無所缺；因為神喜愛敬畏祂和盼望祂慈愛的人[214]。聖經從舊約的「敬畏神」昇華到新約的「愛神」；然而這兩者的核心概念是一樣的。你若願意真心的愛神，神一定會知道並記得你，也必定會愛你；愛神的人永不落空。「*我們曉得萬事都互相效力，叫愛神的人得益處。*」[215]、「*神說：因為他專心愛我，我就要搭救他；因為他知道我的名，我要把他安置在高處。*」[216] 想獲得深層的快樂，就勇敢的去愛人和愛神吧！去愛能戰勝苦難、去愛能體現信仰；就像聖經中的路得記，裡頭沒有一個愛字，但整本書卷充滿著愛，是愛改寫人生苦難的故事。

靈修

　　我們的喜樂程度，有時與我們的靈修程度成正比。靈修的質與量若足夠，深層的快樂會湧流上來。聖靈的禱告與聖經的話語，如同陽光與水，照耀並澆灌著我們內心快要枯萎的喜樂花園、強化心靈以獲得內心恆常溫暖的平安。這跟靜坐和冥想不一樣，基督徒相信，靈修是在跟神互動和交流；

我們可以禱告向神傾訴、向神求喜樂。如果你對喜樂的話題
有興趣，可以進一步閱讀聖經裡的《腓立比書》，其主旨就
是「靠主喜樂」。既然靈修能得到喜樂，又是戰勝苦難的大
秘訣，我們在方法 5 開篇來談。

第8章 方法4—先相信神

信心

當你承認耶穌是你的主，祂就永遠做你天上的父。耶穌對門徒說：「*在世上你們有苦難，但你們可以放心，我已經勝了這世界。*」[217] 這是面對苦難時至關重要的一句話，如你願意把這句話記在手機裡、或寫在小卡並貼在書桌前提醒自己，那就再好不過了！主已向我們保證說：「*你們可以放心*」，我們能做的就是相信主。但信心是什麼呢？

信心是一份歷程，它具有起起落落的真實感，有大有小、有起有伏，就跟音樂一樣；很少人(或幾乎沒有人)會永遠的軟弱或堅強。一個人的信心大小，並非不變的定律和固定的程度，也不是一種先後順序的必然。可能你今天很有信心，過兩天遇到事情就動搖了；也或許你現在徹底失去信心，但不

久後信心屹立不搖。因此過去式與現在式的信心，並不等於未來式。信心是個人的，不會遺傳。

　　如果我們每個人都有張「信心歷程圖」會是什麼樣貌呢？縱軸由高至低是信心程度的大到小、橫軸由左至右是 0 歲到你現在的年紀。現在不妨拿起筆，在信心歷程圖-模板上(圖 1)自我評估，為自己不同年齡階段的信心大小，以「點」做記號；再來，將這些點串連起來，成為自己的信心歷程圖表。不知道怎麼畫沒關係，可參考圖 2 的畫法示範。

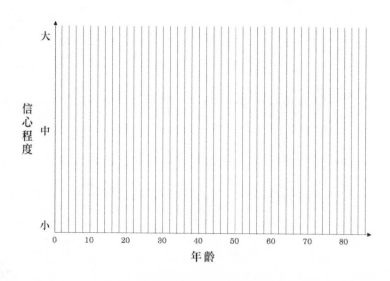

圖 1 信心歷程圖-模板

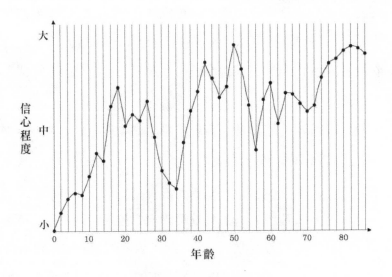

圖 2 信心歷程圖-畫法示範

　　專屬你的信心歷程圖，能讓我們更加了解自己的信心狀態；仔細的品嚐自己的圖，是什麼情況下信心較大，什麼情況下信心偏小，為什麼？遇見什麼事？當時有什麼想法？我們信心的建立是什麼時候？是飛黃騰達時、安逸平順時、還是軟弱無助時？為什麼？

　　信心是信仰極為重要的關鍵；沒信心，就沒有信仰。信心能使我們勝過世界，讓我們事半功倍以戰勝苦難。*「因為*

191

*凡從神生的，就勝過世界；使我們勝了世界的，就是我們的
信心。」* [218] 信心也可以討神喜悅。但苦難中的我說：「我實
在沒有信心了，信心從哪裡來？」

- 信心從真理而來：「*信道是從聽道來的，聽道是從基
  督的話來的。」* [219]

- 信心是神給的：「*信心是神分給各人的*」[220]；「*不是
  出於自己乃是神所賜的。」* [221] 當我們信心不足沒有關
  係，因為信心是可以向神求來的，就像「*當耶穌要醫
  治一個從小被鬼附的孩子時，耶穌對他父親說：『你
  若能信，在信的人，凡事都能。』孩子的父親立時喊
  著說：『我信！但我信不足，求主幫助。』」* [222] 另外，
  我們也可以學習使徒跟主禱告說：「*求主加增我們的
  信心。」* [223]

- 信心是經過試驗而增強的：「*信心被試驗比金更寶貴*」
  [224]；「*試煉後必如精金。」* [225]

先相信

由此可見，**信心要走在前面**，先相信才得到，而非先得到才相信；「這不是不符合邏輯嗎？我沒看見我怎麼能相信？」我明白，在我們沒看見方向、沒看見未來、什麼都還沒看見的時刻，要先相信，真的是太過困難與不切實際了。

但你沒有看錯，在還沒看到證據或所盼望的事之前，先選擇相信神，並且只要相信，這就是神要的信心，是神設定與世界相反邏輯的信心順序。「*信就是所望之事的實底，是未見之事的確據。*」[226]、「*憑著信心，不是憑著眼見。*」[227]、「*神的義正在這福音上顯明出來；這義是本於信，以至於信。*」[228] 信任神是一種選擇，耶穌說：「*我就是生命的糧。到我這裡來的，必定不餓；信我的，永遠不渴。*」[229]

越有意義的事，往往困難越大。也許此刻你正準備放棄了，因眼前障礙實在太艱難、太痛苦了，對自己沒什麼把握、對人也沒什麼信心，你認為人根本不可能辦到，甚至盼也盼不到任何希望。但只要**先相信神**，你的不安感就會漸漸消失。耶穌說：「*在人這是不能的，在神凡事都能！*」[230] 我們相信神，即使我們不明白為什麼遭遇苦難。

就像管會堂的睚魯，在主拯救他女兒之前，睚魯先有信心。耶穌對他說：「*不要怕，只要信！你的女兒就必得救。*」[231] 信徒之所以叫信徒，因為相信。希伯來書 11 章又稱信心榜，談到信心及多位有信心的聖經人物。「*人非有信，就不能得神的喜悅；因為到神面前來的人必須信有神，且信他賞賜那尋求他的人。*」[232]、「*摩西因著信長大了。寧可和神的百姓同受苦，也不願享受罪中之樂。*」[233] 我們雖然不能看見神，也看不見光景，但我們因為信心看見神的榮耀。耶穌說：「*我不是對你說過，你若信，就必看見神的榮耀嗎？*」[234] 在你還沒向祂禱告前，就先相信神，信心之禱必能蒙神的喜悅。

倚靠神

一個凡事都靠自己解決，既不求神也不求人者，自然就不需要神了，他認為沒有神，或覺得自己就是神。除非走投無路，人又何必需要神呢？但很多時候你會發現，意志消沈了、處境失控了、自己的情緒也失控了，眼前的路很難走下去。我們無法掌握全局，因此我們願意卸下心防，在苦痛中倚靠祂、仰望祂、尋求祂的幫助。別喪志，還有神可以倚靠；給自己一個機會，試著超越我們的邏輯、理解、經歷、眼界

的去相信主，選擇相信祂與我們同在。

> 「若不是耶和華建造房屋，建造的人就枉然勞力；
>
> 若不是耶和華看守城池，看守的人就枉然警醒。」
>
> *(詩 127:1)*

我們認識神的深度，會在我們的信心上反應出來。有位迦百農的百夫長被主稱讚大有信心；百夫長是當代官階及社會菁英，是管理100位士兵的領袖；這位百夫長的僕人重病快死了，他就託朋友去見耶穌說：「*主啊！不要勞動；因你到我家，我不敢當。我也自以為不配去見你，只要你說一句話，我的僕人就必好了。*」耶穌聽見這話就希奇，轉身對跟隨的眾人說：「*我告訴你們，這麼大的信心，就是在以色列中，我也沒有遇見過。*」結果，當這受託傳話的朋友回到百夫長家時，就看見僕人的病已經好了。[235] 可見，**我們的信心有多大，神的作為就有多大。**我們最大的靠山和後台是神，倚靠神的靈也就是聖靈。萬軍之耶和華說：「*不是倚靠勢力，不是倚靠才能，乃是倚靠我的靈方能成事。*」[236] 雖然未來充滿未知，聖靈會親自陪伴，我們因為倚靠神而勇敢與喜樂。「*我是葡萄樹，你們是枝子。常在我裡面的，我也常在他裡面，這人就多結果子；因為離了我，你們就不能做甚麼。*」

[237] 當我們在生活中最小的事上靠神，在最大的事上也一定會靠神。「*堅心倚賴你的，你必保守他十分平安，因為他倚靠你。*」[238] 全能的主，只要一句話就能改變苦境，關鍵是我們相不相信？

交託

我們某部分或大部分的壓力，來自於沒有完全交託。神沒有說我們遇難要自己想辦法，我們可以靠神得勝，但我們卻常常忘記了。現在如果你願意，把掙扎的短處、難纏的難處、將我們硬撐或逼強那些心力交瘁的事，放手，全都交託給神吧！人可以解決一部分，神可以全然解決或根除問題。問題不是耶穌能否解決，而是我們有多少意願相信祂、交託給祂？「*你要專心仰賴耶和華，不可倚靠自己的聰明。在你一切所行的事上都要認定他，他必指引你的路。*」[239]、「*人心籌算自己的道路；惟耶和華指引他的腳步。*」[240]、「*籤放在懷裡，定事由耶和華。*」[241] 不管我們此刻有多缺乏「**主必預備**」[242]。

聖經中有位患 12 年血漏的女人[243]，她在醫生手裡花盡了她一切養生的，卻沒有一個人能醫好她。最終，她用信心的行為去摸主耶穌的衣服繸子，因她心裡想：「*我只摸他的衣裳，就必痊癒。*」，耶穌轉過來對他說：「*女兒，放心！你的信救了你。*」；於是她 12 年的不治之病，就立刻好了。因為她信心的觸碰神，**信心配合行動，產生了意想不到的結果。**

等候與忍耐

很篤定、很確信的叫做信心，你相信神會給你；但**更大的信心則是「即或不然」**，不管神給不給你、有或沒有、成與不成、最終結果是否有實現你所盼望的，你都滿心的相信，不是相信自己預設的結果，而是相信神。就像但以理的三個朋友曾說：「*我們所事奉的神能將我們從烈火的窯中救出來。王啊，他也必救我們脫離你的手；即或不然，王啊，你當知道我們決不事奉你的神，也不敬拜你所立的金像。*」[244]

等候

等候非常不容易，尤其在這個快速又便利的時代，我們

變得越來越不耐等，排隊嫌太久、廣告多幾秒覺得很煩立刻按跳過、電話客服等太久索性掛掉、追劇最好一口氣追完不想等、紅燈轉綠燈，前車緩了半秒就鳴喇叭、生病治療與復健更是折騰。心想著：「我知道要等，但我在等候誰？我在等什麼？到底還要等多久？」如果苦難，遇上了等候，會覺得**等待期特別漫長與心急**，那簡直是世界上最難熬又痛苦的時光。

　　當我們正在受苦，又沒有得到答案時，我們可能會質疑是不是神忘記我們了？但神從未把我們忘記，神始終愛著我們。還記得前文提到受難的耶穌嗎？耶穌在十字架時，也經歷過與你一樣的煎熬，耶穌呼求天父，天父卻沒有回音…。有時你明明有著極大的驅動力、你做足了一切努力、你找了各種方法、尋求專業、禱告交託了、甚至身邊的親人好友也都為你付出與代禱。你說：「我盡力了…，但眼前的情況卻毫無改變，我該怎麼辦？」你有多少意願，願意繼續等候神呢？(1-10 分，1 分是完全不想，10 分是百分之百想。)

　　聖經說：「*疲乏的，他賜能力；軟弱的，他加力量。就是少年人也要疲乏困倦；強壯的也必全然跌倒。但那等候耶*

和華的必重新得力。他們必如鷹展翅上騰；他們奔跑卻不困倦，行走卻不疲乏。」[245]、「*凡等候耶和華，心裡尋求他的，耶和華必施恩給他。人仰望耶和華，靜默等候他的救恩，這原是好的。」*[246]。

以色列的君王大衛王就是用等候神來戰勝苦難，他說：「*我心默默無聲專等候神*」[247]、「*凡等候你的必不羞愧；惟有那無故行奸詐的必要羞愧。求你以你的真理引導我，教訓我，因為你是救我的神。我終日等候你。」*[248]、「*要等候耶和華！當壯膽，堅固你的心！我再說，要等候耶和華！」*[249]、「*你當等候耶和華，遵守他的道，他就抬舉你，使你承受地土；惡人被剪除的時候，你必看見。」*[250]

既然大衛撐過去了，我們也一定可以！若在半路上、因為阻礙來了、貌似神隱藏了、等待期拉長了、疲倦了、沒有盼頭了，就宣告放棄久違的目標或是信仰；那之前的堅持、努力、敬虔，又算什麼呢？6 關破 5 關就要放棄，前功盡棄，不是很可惜嗎？我們的人生都有等待期；等待期是一種信仰的操練，即使你不知道神什麼時候眷顧你，請相信只是祂的時候未到、祂尚未出手，但祂一定會眷顧你的。

我們在等什麼？**我們在等「神的時候」**，神的時候往往

與我們的時候不一樣。因為神的時候還沒到，若你不介意，再耐心等候一段時間，「*因你不知道眷顧你的時候。*」[251] 當然，等候並不是我們就每天躺在沙發上無所事事、或守株待兔毫無付出行動。**我們在等候神**，不是在等白吃的午餐或天降的樂透。換句話說，**善用等待期，雙眼仰望神，並默默沈著的裝備實力與靈性**，即可削弱苦難的厭煩感。還記得神曾經幫助你嗎？還記得你過去是如何度過難關的？再等候片刻，神這次也一定會幫助你，神有祂的方法和時候。

苦難只是暫時的

你能走到這裡，已經非常不簡單了！很多人都做不到，半途放棄了。請再堅持一會吧！苦難會讓人感到度日如年與心灰意冷；因為它太艱難，讓人漸漸失去盼望、覺得沒有神或感受不到神同在，選擇倚靠自己、人、錢、酒精。聖經告訴我們苦難只是暫時的：「*暫時受苦難後，堅固你們、賜力量給你們。*」[252] 神的試煉也只是暫時的：「*但如今，在百般的試煉中暫時憂愁。*」[253] 當我們將眼光放遠、時間軸拉長，苦難就會出現全新的理解；以暫時的苦難對比永遠的榮耀，就像「*我們這至暫至輕的苦楚，要為我們成就極重無比、永*

遠的榮耀。」[254] 即使苦難再艱難，它都是短暫的；再黑暗都是短暫的。「*我想，現在的苦楚若比起將來要顯於我們的榮耀就不足介意了。*」[255]、「*主必不永遠丟棄人。主雖使人憂愁，還要照他諸般的慈愛發憐憫。因他並不甘心使人受苦，使人憂愁。*」[256] 豈有父親捨得自己的孩子受苦呢？從你認識耶穌那一刻開始，神就開始賜福給你了，任何苦難都只是暫時的、苦難是有限度的，它一定會過去！「*原來我們不是顧念所見的，乃是顧念所不見的；因為所見的是暫時的，所不見的是永遠的。*」[257]

忍耐

一邊等候，一邊忍耐。忍耐的原文 hupomeno，有受苦 (suffer)的意思。「*你們必須忍耐，使你們行完了神的旨意，就可以得著所應許的。*」[258] 忍耐不容易，意味著你要延緩滿足、忍著屈辱、與痛苦艱難共存。忍耐是信心經過試煉的第二階段，「*患難生忍耐，忍耐生老練，老練生盼望；盼望不至於羞恥，因為所賜給我們的聖靈將神的愛澆灌在我們心裡。*」[259]、「*在指望中要喜樂；在患難中要忍耐；禱告要恆切。*」[260]

201

再忍耐一會兒、再咬緊牙關，苦難就過去了。雅各說：「*因為知道你們的信心經過試驗，就生忍耐。但忍耐也當成功，使你們成全、完備，毫無缺欠。*」[261]、又說：「*弟兄們，你們要把那先前奉主名說話的眾先知，當作能受苦能忍耐的榜樣。那先前忍耐的人，我們稱他們是有福的。你們聽見過約伯的忍耐，也知道主給他的結局，明顯主是滿心憐憫，大有慈悲。*」[262] 千萬別在這個節骨眼，轉過頭選擇了墮落與犯罪。不論我們在前段、中段，或快到終點放棄了，都等於半途而廢、前功盡棄；有時就差這麼一步了，盼望就快到了！**神會為我們開一條路、為我們開一扇窗。**

堅持到底

聖經中有位迦南婦人[263]，以堅持到底的大信心，戰勝了苦難。她為了被鬼附的女兒，祈求主說：「*主啊，幫助我！*」，耶穌開始不答一語，後來對她說：「*讓兒女們先吃飽，不好拿兒女的餅丟給狗吃。*」試想如果我們是迦南婦人，被主耶穌當眾用如此強烈的字眼拒絕說：「不好拿兒女的餅丟給狗吃。」我們的心臟承受得住嗎？我們還會繼續求主、

堅持與主對話嗎?我們是否會心思敏感的受傷,而放棄了呢?
或因這句諷刺地回應,而憤慨離開呢?我們有多少意願,奮
不顧身的相信耶穌?但迦南婦人勇敢的回答耶穌說:「*主啊,
不錯;但是狗也吃牠主人桌子上掉下來的碎渣。*」多麼謙卑
又有智慧的一句話。

耶穌用猶太與外邦之餘兒女與狗,來測試這位外邦媽媽
的信心;而她的大信心,立即得到主的稱讚,說:「*婦人,
你的信心是大的!照你所要的,給你成全了吧!*」從那時候,
她女兒就好了[264]。女兒因為媽媽的大信心,得到了主耶穌的
醫治;因這位母親不忍摯愛的女兒受苦,**哪怕如碎渣般的拯
救機會,她都不放過、不放棄、鍥而不捨。**

這段也是我在聖經中,最受感動的經文之一。身為媽媽
的我,也常常要清掃兒子三餐飯後,從桌子上掉下來的碎渣,
對我來說,那是要丟掉且不能再食用的垃圾;如果有人堅持
要吃這些碎屑,那是有多卑微、多麼渴望救贖與垂憐。因此
我也學習迦南婦人的回應,作為我的禱告文:「主啊!狗也
吃牠主人桌子上掉下來的碎渣。」

「*我們若將起初確實的信心堅持到底,就在基督裡有分
了。*」[265]

　　基督徒在盼望什麼呢？盼望苦難中的曙光。基督徒相信生命的結局，並非死了進入墳墓且永遠的死了；而是暫時睡了，直到那日，會去永恆的天家，享受永遠的福氣。在那裡，沒有昨天、今天、明天；而是永遠。如今我們被時間與空間所限制，但在那裡，是無限。

　　在我們戰勝苦難或邁向目標的路上，往往會有很多阻礙，看不到開花結果，與令人灰心的時刻。只要再堅持一下，1 年、5 年、甚至 10 年；你就會看見。若是可以，不要妄自菲薄或自視甚高；長時間堅持你所做。一天不練琴自己會知道，兩天不練琴旁邊的人會知道，三天不練琴全世界都會知道；這就是專注與堅持的力量。改變容易，堅持難；貴在堅持 (persistence)。沒認定，無所謂；但既然認定了、決定了，就堅持到底。堅持到底的決心，在苦難上、信仰上、專業與天賦上皆適用，因為堅持，而建立良好的態度與專業的深度。就不會因為眼前的失敗、利益、阻礙、停滯，替自己找放棄的理由。

　　如果我們願意堅持到底的相信主，人生就沒有過不去的坎。我們既然選擇或被安排了一條不簡單的路，就要堅持到

底，就差最後一步了！今天播種，不會隔天就立刻發芽，但是過一陣子一定會發芽，要有耐心，單純的相信神！

信心之父亞伯拉罕

信心的實踐，是把我們所聽見的道與信心融合在一起；透過心、口、行來體現信心。也就是說真正的信心，需要心口行三合一來實踐，即心中有信心、口頭有信心、行為上也有信心。「*因為有福音傳給我們，像傳給他們一樣；只是所聽見的道與他們無益，因為他們沒有信心與所聽見的道調和。*」[266] 雅各長老提倡因行為稱義，他強調沒有行為的信心是死的[267]。而保羅（非律法主義）主張因信稱義；他認為沒有信心的行為是盲目的[268]。但雅各長老與保羅的神學觀點並沒有衝突，都是強調信心與行為共存的重要，兩者缺一不可，超越了僵化的律法主義。

回溯到亞伯拉罕的時代，當時律法還沒頒布，但亞伯拉罕卻完好的展現了信心與行為的配合，被後人稱為「信心之父」。事實上，神與亞伯拉罕的關係密切到像朋友一樣[269]。亞伯拉罕原名亞伯蘭，在他 75 歲時，神對他說：「*你要離開*

*本地、本族、父家，往我所要指示你的地去。」*又賜下應許
說：「*我必叫你成為大國，地上的萬族都要因你得福；我要
把這地賜給你的後裔。」*[270]；他就照著神的吩咐去了。「*亞
伯拉罕因著信，蒙召的時候就遵命出去，往將來要得為業的
地方去；出去的時候，還不知往哪裡去。」*[271] 接著因為財物
甚多，多到那地容不下與姪子羅得同居，必須分開。亞伯蘭
就讓羅得先選地，於是羅得選了約旦河的全平原，亞伯蘭就
往迦南地去。

亞伯蘭看似吃虧，實際上卻是得著；羅得起初看似獲益，
卻一步步的失去。神賜福了不求自己益處的亞伯蘭，因神曾
應許他，一定會實現諾言。亞伯蘭初到那地一無所有，神叫
他舉目看東南西北，凡他所看到的一切地，都賜給亞伯蘭與
他的後裔。不論亞伯蘭到哪裡，當他到了一個新的地方，他
總是會優先為神築一座壇[272]。在亞伯蘭 99 歲時，神向他顯現
並給他改名叫「亞伯拉罕」。**他等候神的應許足足等了 25 年，
直到他100歲，才生了應許之子以撒**；亞伯拉罕因著充足的信
心，去執行神的命令，獻上兒子(當然最終是用神預備的羔羊
獻祭)，此舉再次通過神信心的考驗。亞伯拉罕是一位真選民、
真信徒，因為有巨大的信心與行為，成為了信心之父。我們

的信心，可以榮耀神。

讀完以上信心的實例，為什麼你沒有完全放棄相信主？為什麼你會考慮先相信？若我們有信心，在通過苦難的熬煉後，必定成為最堅硬的鑽石，請務必堅持下去。若我們沒信心，也別氣餒，只要向神開口求信心，祂一定會賜給你。

最後補充，有種狀態叫信心的濫用，就是人將自己的各種惡習包裝後再丟給信心（例如懶惰、不守信用、不負責等），嘴上說有信心，實際生活中卻什麼都不做、絲毫沒盡到自己的本分和責任、假借信心的名義，行動上直接擺爛毫無付出。比方說一個人不愛惜身體，暴飲暴食絕食、貪食好酒又不睡覺，四處聲稱「反正有信心就會健康」；一個學生翹課不學習不念書不交作業，宣稱「有信心什麼都不做就會畢業(all pass)」；一個上班族每天遲到早退、混水摸魚上班打電動、能怎麼偷懶就怎麼偷懶，案子無法如期交付開天窗，給同事找麻煩，卻常宣告「我有信心不需要為明天憂慮。」；又如一個有家庭的人，不為家庭負責、不經營婚姻、仍過著單身人生、我行我素，認為「我有信心，婚姻就會美滿、家庭就會幸福」

這種信心的濫用，成為一椿荒唐的誤會，反正把人生中各種搞砸的殘局，全部推卸給「信心」就會好轉了，這是一種自欺欺人，自然不能榮耀神，也無法收穫信心帶來的果實。因此，在信心的尾聲共勉：我們要先相信主，且盡力做我們所能做的。

第 9 章 方法 5—與主連線

靈修

本章要聊既能得著喜樂、又能戰勝苦難的大絕招—與主連線，也就是靈修；本書的靈修是指禱告和讀聖經。（當然還有集體靈修—崇拜，我們擇日再談。）

你有沒有認識基督徒，雖然重病住院、生命臨近終點、人生遭遇大患難，還是很喜樂、沒有恐懼感，讓你覺得不可思議？他們內心不害怕也不擔心，言談中充滿著飽滿的平安與盼望，狀態既平靜又安穩，究竟怎麼回事？這份超越意志力，且難以言喻的正面力量，從哪裡來？

鏡頭再切回我們自己，你心想：「我現在這麼苦，哪有

心情看聖經和禱告…」、「我現在很低落，什麼都不想做，我
只想自己靜一靜…」、「你別開玩笑了，靈修這麼無趣又古老
的方法，真的有效嗎？」、「我的心靈已經徹底枯乾，這些
經文對我來說，又有什麼用處？」、「這不是宗教的陳腔濫
調，過時了吧！有什麼新意嗎？」、「靈修有什麼用？與其
靈修，我還不如去找 Google！」、「我太忙了，連睡覺時間
都不夠了…哪有空？」、「現在完全提不起勁來(或不想)禱告
或讀經」我了解，我也曾經如此！人在苦難中，或生活因苦
難而忙碌時，難免會產生上述心境。我在苦難時也體會過：
「在一段低潮的時光，完全提不起勁來靈修，本能的對大道
理感到排斥與反感。」特別是當內心狀態不佳、有人耳提面
命的責備著：「靈修不要停，這不是信仰。」苦難者會覺得
格外反感。

　　即使我知道靈修是對的、是好的、是我以往的日常；我
也不想去做。就像體重過重時，明明知道要多運動、要少吃
垃圾食品，但偏偏手又去打開零食櫃開一包奇多(Cheetos)來
吃、開一瓶可樂、或在半夜泡一碗泡麵。很難做到、或者根
本不想做任何應該做的事。也許讀者也曾經或正在經歷靈修
的停擺期，沒有關係，這是你真實追尋信仰的過程。就像一

個青少年有時候不想跟父母講話；你當然可以選擇，要不要
與神交流，神也不希望一個人出於被迫跟祂交談。既然如此，
我又為何要寫靈修呢？請給我機會娓娓道來：

我必須坦承，靈修是與主連線**最直接的**方法。靈修有益
無損，當我們願意、準備好了，我們也可以重新啟動。

只要我們願意，拿起聖經來讀、誠心的跪下來禱告時，
我們將再次的與神相會，神沒有離開，祂不會離開，祂是我
們的天父。為了持續尋求真智慧，在苦難中的第四期，我終
於又恢復了靈修生活。

小時候遇到困難會向父母求救，這是人性；但長大後，
也許嘗試過 Google、自己解決、向人傾訴、尋找專業幫助；
但終有某些情況，儘管千方百計的想解決(知識、才能、財富、
勢力、人脈)，或者赤手空拳(沒有後路、靠山、資源、什麼都
沒有)，用盡了一切方法，竟都無法救你脫離苦難；任何人都
沒辦法再協助了(或人們極盡所能，也難以完整的感同身受或
幫你根除苦難)；被迫打回原點，甚至倒退；各種失控迎面而
來，無計可施了、再也堅持不下去了…。該怎麼辦？當人無路

211

可走了，**絕望帶我們到神面前。**

　　靈修不是解藥，但解藥在靈修裡。貌似乏味的靈修，在人們真的與神連結時，將會產生巨大的力量；因為與神建立起親密的關係，靈修便不再是乏善可陳的事。與神交流得越密切，反而越甘甜、越平靜、越滋潤。

禱告

　　你是否已經無力、不想、或徹底停止禱告了呢？苦難中實在力不從心，有時連舉起手禱告的力氣都沒有了。沒有關係，神會給你所需的力量與平安。「*神是我們的避難所，是我們的力量，是我們在患難中隨時的幫助。*」[273] 還有一位神默默地在你身邊，守候著你，祂願意溫柔陪伴你的每一刻孤寂與無助；祂願意接納你最真實而深層的原貌；祂願意愛在人群中毫不起眼的我們；祂願意專注傾聽你微弱的呼求聲；我們需要主，**需要跟主通電話—禱告。**我知道這聽起來有點愚蠢，甚至有些多餘，但如果你不介意，不妨試試這大智若愚與效果顯著的方法，等你準備好時，禱告真的能使你得到力量。

苦難中的禱告

有一位向神傾心吐意的婦人，名叫哈拿。她的丈夫以利加拿有兩個妻子，一個是哈拿、另一個叫毘尼拿。毘尼拿有兒女，哈拿沒有。以利加拿愛哈拿，毘尼拿就故意跟哈拿做對頭，用哈拿不生育這點來刺激哈拿，要惹她生氣。哈拿很愁煩哭泣不吃飯，雖受到丈夫的安慰與疼愛，卻仍無法解決她的苦楚。「*哈拿心裡愁苦，就痛痛哭泣，祈禱耶和華*」[274]哈拿在神面前傾心吐意、不住地祈禱，她向神許願一個兒子。在她禱告之後，臉上不再帶著愁容，她透過禱告，把苦難完全的交託給神。最終神垂聽她的禱告，賜哈拿一個兒子。

哈拿的痛點，被人拿來譏笑、傷害與刺激；傷心禱告時，還被祭司以利誤會是醉酒。在仇敵面前流淚，原以為會博得同情，眼淚卻慘遭踐踏；在親人面前哭泣，親人雖安慰，但安慰也有限，甚至無能為力。但在神面前流淚，神必定會紀念，把你的眼淚珍貴的收起來，並用祂智慧的方法為你開路。一個把苦難都提到主面前傾訴的母親—哈拿，將孩子歸給神，孕育了一生都會禱告的兒子—撒母耳[275]。

除了哈拿向神傾訴的禱告，我們也可以學習聖徒們的禱

告，例如彼得向耶穌直白的呼求禱告說：「*主啊，救我！*」耶穌趕緊伸手拉住他，彼得立即得到主的救援。耶利米先知禱告說：「*耶和華啊，你是我的力量，是我的保障；在苦難之日是我的避難所。*」[276] 回顧耶穌在十字架上最痛苦的時候，向天父禱告說：「*我的神！我的神！為甚麼離棄我？*」[277] 這句話其實是源自大衛的禱告詞[278]；主給我們做了榜樣，按照聖經的禱告詞來禱告。我們亦可效仿大衛在苦難中的禱告詞：

- 「*求你想念我的時候是何等的短少*」[279]

- 「*求你不要遠離我！因為急難臨近了，沒有人幫助我。耶和華啊，求你不要遠離我！我的救主啊，求你快來幫助我！*」[280]

- 「*求你轉向我，憐恤我，因為我是孤獨困苦。我心裡的愁苦甚多，求你救我脫離我的禍患。*」[281]

- 「*耶和華啊，求你聽我的禱告，留心聽我的呼求！我流淚，求你不要靜默無聲！因為我在你面前是客旅，是寄居的，像我列祖一般。求你寬容我，使我在去而不返之先可以力量復原。*」[282]

- 「*求你起來幫助我們！憑你的慈愛救贖我們！*」[283]

- 「但我是困苦憂傷的；神啊，願你的救恩將我安置在高處。」[284]

- 「求你看顧我的苦難，搭救我，因我不忘記你的律法。」[285]

- 「主啊，我的心願都在你面前；我的歎息不向你隱瞞。」[286]

- 「神啊，求你救我！因為眾水要淹沒我。我陷在深淤泥中，沒有立腳之地；我到了深水中，大水漫過我身。我因呼求困乏，喉嚨發乾；我因等候神，眼睛失明。無故恨我的，比我頭髮還多；無理與我為仇、要把我剪除的，甚為強盛。我沒有搶奪的，要叫我償還。」[287]

你好奇的問：「神在哪裡？我要去哪裡找神跟祂說話？」只要我們發自內心，誠懇的向神禱告說話，無處不在的**神就聽見了**！我們是人，傾訴時難免會掙扎的產生各種情緒、會傷心難過，無須太過壓抑；**我們的苦，神都知道**。「他們在一切苦難中，祂也同受苦難。」[288]

只管坦白的向主傾訴心聲：「主啊！求你讓我在苦難中

得到平安和盼望」、「求主為我開路」、「求主醫治我破碎的心靈」、「主啊！求你救我脫離苦海」、「主啊！可憐我、憐憫我。」「主啊！救我！幫助我！」不要再隱藏你的難處了，不論你想跟祂說什麼，儘管纏著主耶穌，**毫無保留的訴苦**；祂一點也不會嫌你煩，祂是最優質的聽眾、最好的朋友、最佳的良師，心疼的為你擦拭眼淚、珍視你的苦痛；耶穌是這個世界上，最了解你、在乎你、且最不願意你受到委屈的主，祂一定會垂聽你的禱告。

為什麼要禱告？

你有沒有禱告過？如果沒有，你有多少意願試試看(1-10分)？如果有，是什麼原因讓你持續的禱告？你禱告時有什麼體驗？禱告的感受是喜樂、平安，還是平淡、無感？你有什麼禱告前後差異的經驗分享(如：禱告前愁眉苦臉、禱告後輕鬆自如)？

你也許會反問：「時代如此進步，**人類為什麼要禱告？**不禱告行不行？」你當然可以選擇不禱告，但不禱告就無法

與神建立關係。禱告就如同在跟神講電話，多麼直接、簡單、有效、又榮幸的方法啊！若我們不禱告，聖靈就不會充滿，也就得不到從神而來的力量；時間一長，你會發現自己靈性軟弱了、情緒不穩定、心靈空虛、在苦難的旋窩中難以自拔，得不到平安；即便知道什麼是正確的，卻行不出來也做不到，更無法透徹的戰勝苦難。

禱告是基督徒的氧氣，維持屬靈生命最重要的元素；當然，不論你是不是基督徒，只要你不介意，都可以禱告。**禱告，是在親近神、與神說話和傾訴、與神在靈裡交通、與神建立關係**。換言之，禱告是**直接與神交流的特權**，及敬畏神的具體行為。禱告跟靜坐冥想不一樣，後者是與自己的內在對話，禱告則是有對象的，對象是神；神十分樂見我們與祂建立關係。「祂既是神，不是應該什麼都知道嗎？我又何必向祂禱告呢？」這就好像你有 2 個朋友，A 朋友 10 年才跟你聯絡 1 次，聯絡只因為要找你幫助；B 朋友則每天跟你聯繫、視訊通話；你跟誰的關係更好？我們跟神的關係也是要用心經營的。**當我們與神的關係越近，我們的禱告就越容易蒙神垂聽**，就像先知以利亞的禱告大有功效，*「義人祈禱所發的力量是大有功效的。以利亞與我們是一樣性情的人，他懇切*

禱告，求不要下雨，雨就三年零六個月不下在地上。」 [289]

　　禱告是最好的解決方法、是苦難路通往平安地的捷徑。
神可以解決人無法解決、改變、或克服的一切，因為祂是神！
請放心，世界上沒有任何一種苦難，是神無法勝過與解決的；
不管你面對的困難有多難，在神都不難；神(全能者)有絕對的
能力，釋放我們的絕望，帶著我們度過難關。當你缺乏力量，
需要神的幫助與旨意時，儘管來到主面前禱告。靠著禱告而
達成的事，是我們靠著人達不成的。讓耶穌為你做主，祂是
你的主、是你的靠山、是你天上的爸爸。神會用神的方式與
智慧出手幫助你。

- **先禱告**：像以撒先築一座壇，求告耶和華的名，再支
  搭帳篷與挖井[290]。用現代詞來理解，就是以撒先禱告，
  再安排自己的生活，這是他價值觀的優先順序；也是
  猶太人致勝的秘訣：先求神的國神的義；我們往往逆
  向操作了，先安排生活，其他的再說。面臨挑戰時不
  妨先禱告，向神請教你的問題、求神拿掉你的難處、
  並尋問神指引你的方向。

- **禱告的數量**：但以理在困境裡，仍然在自己的家中，
  1 天 3 次，雙膝跪在神面前禱告感謝，他平常就是如
  此[291]。但以理跟神的關係十分密切，1 天 3 次禱告給
  我們做模範。只要我們不斷地禱告、堅持禱告、每天
  認真的禱告，哪怕你所擔心與害怕的事再巨大，巨大
  到佔據與控制你的心，都一定會有解決的出路。再看
  看意大利營的百夫長哥尼流，「*他是個虔誠人，他和*
  全家都敬畏神，多多賙濟百姓，常常禱告神。」[292] 他
  有受教者的心，養成每天禱告的好習慣，但不流於形
  式化(因為形式化是沒有溫度的)。當然，假設你尚未
  培養每天禱告的習慣；遇到事情才禱告，也總比完全
  不禱告來的好。

- **禱告的品質**：我們在與神交流時，是心無旁騖的專注，
  還是神遊向外的分心？耶穌是退到山後禱告。我們大
  可不用找一座山；如果可行，選擇一個安靜、不被打
  擾的空間來禱告。誠心誠意、情詞迫切、專注而深入
  的禱告，這就是高品質的禱告。「*也許原不是要給你*
  的，但因情詞迫切的直求，父就必賞賜給你。」[293] 禱
  告的質與量若足夠，你將會感受到聖靈的力量。

- **禱告的人數**：我們自己禱告，當然完全沒有問題。但
  聖經說：「*你們若是中間有 2 個人同心合意的禱告，*
  主必成全。」[294] 現在不妨一試，找個同伴一起禱告吧！
  同個空間或線上視訊，只要同心禱告都好。

- **禱告的態度—恆切與警醒**：「*你們要恆切禱告，在此*
  警醒感恩。」[295] 在對觀福音(就是馬太、馬可、路加
  福音)中，耶穌對門徒說：「*你們要禱告，免得入了*
  迷惑。」[296]、「*總要警醒禱告，免得入了迷惑。你們*
  心靈固然願意，肉體卻軟弱了。」[297] 持之以恆的禱告，
  避免三天打魚，兩天曬網的情況。

我要怎麼禱告？

「好！我願意試試，那我要怎麼禱告呢？」保羅說：
「*我若用方言禱告，是我的靈禱告，但我的悟性沒有果效。*
這卻怎麼樣呢？我要用靈禱告，也要用悟性禱告；我要用靈
歌唱，也要用悟性歌唱。」[298] 最常見禱告有 3 種：靈言禱告、
悟性禱告、默禱。而這 3 種禱告的共同點是閉上雙眼、雙手

握好、真心誠意。

靈言禱告

靈言禱告是用聖靈禱告，靈言就是聖靈的語言。就好像你是一個美國人，你會說英文；同理當你有了聖靈，你也會用靈言禱告。靈言禱告與默禱，是你與神一對一的交流，別人聽不到也聽不懂你向神說什麼，較具有隱私。但在我們求得或還沒得到聖靈之前，我們該如何禱告呢？我們可以說「哈利路亞」，*「此後，我聽見好像群眾在天上大聲說：哈利路亞（就是要讚美耶和華的意思）！救恩、榮耀、權能都屬乎我們的神！」*[299] 在這裡分享下我所屬教會[300]的禱告方法：

開始唸一次：「奉主耶穌聖名禱告」

禱告中重複唸：「哈利路亞讚美主耶穌」

結束禱告唸一次：「阿們！」

如果方便，找個安靜的空間試試上面的禱告方法。我用

上面的禱告方式，內心情詞迫切的求聖靈，在我國小時，我得到聖靈了！我有了聖靈的靈言，說明上述的禱告方法行得通，或者你可以理解成，這方式可以打通電話到主耶穌那裡（我知道許多朋友不太確定，自己禱告的內容神有沒有聽見？禱告是不是在自言自語？）。這也說明我的禱告主耶穌有聽見（否則我不會得到聖靈），若你願意，也可以透過上述的禱告方式尋找到耶穌。而在我得到聖靈之後，我的靈言禱告變成：

開始唸一次：「奉主耶穌聖名禱告」

（禱告時，我用我得到的靈言禱告，每個人不同這個教不來，**請親自體驗**）

結束禱告唸一次：「阿們！」

悟性禱告

悟性禱告，則是要用口語講出來，讓人能聽得懂、聽得清楚明白，目的是造就在場聽見的人。例如在吃飯前我們會說出一段感謝神的悟性禱告，你可以即興地發揮就像在自然

的說話、也可以提前寫好草稿。聖經說：「但在教會中，寧可用悟性說五句教導人的話，強如說萬句方言。」[301] 主耶穌曾經教我們這樣悟性禱告(也就是我們常見的「主禱文」)，你們禱告要這樣說[302]：

我們在天上的父[303]：

願人都尊你的名為聖。

願你的國降臨；

願你的旨意行在地上，如同行在天上[304]。

我們日用的飲食，今日賜給我們[305]。

免我們的債，如同我們免了人的債[306]。

不叫我們遇見試探；救我們脫離兇惡[307]。

因為國度、權柄、榮耀，全是你的，直到永遠。阿們！[308]

現在，邀請你細細的品味這段主禱文，並且一起用這段話，向天上的父悟性禱告。

默禱

第三種是默禱，默禱就是全然的靜默，在心中的禱告。簡短的默禱有效嗎？短禱是長禱的乍現，默禱的力量取決於

平時我們如何透過禱告奠定與神的關係；我們可以理解成，在跟神傳簡訊。比方說你出門在外用餐前、開會前、報告前、要聚會前、想靜下心來、想專注做一件事前、需要神的同在、需要神的能力扶持…等，你都可以默禱，默禱非常的寧靜、方便、快速。

祈求

　　每個人用不同的形式，來呈現自己苦難的情緒與感受。幸運的是，我們可以直接提到神面前，訴與求。「我的苦難靠自己解決就好，不需要禱告麻煩神吧！」、「我的微小心事，可以跟神說、跟神求嗎？」也許我們對禱告有些顧慮與陌生、有點壓抑放不開、對該不該說或該說什麼感到戰戰兢兢，別擔心！祈求不複雜，它既簡單又自然。若我們總是認為任何事「不要麻煩主」，自然而然就習慣不會靠神了。*「你們祈求，就給你們；尋找，就尋見；叩門，就給你們開門。」*[309]

　　耶穌問他們說：*「你們要什麼？」*[310] 同樣的，耶穌也問我們：「你要什麼？」想一想，你需要什麼？你的困境是什

麼？你有什麼苦難需要神幫助？你所沒有的、缺乏的、苦惱的、害怕的、擔心的事是什麼？別怕！只管向神求，老老實實地告訴神，「*應當一無掛慮，只要凡事藉著禱告、祈求和感謝，將你要的告訴神，神會賜人出人意外的平安。*」[311] 如果沒有「求」這個動作，主耶穌要如何伸手呢？ 祈求是我們能做的，而給不給與成不成全是神的主權。

某些情況下，祈求會不小心變成「妄求」(指非份的要求、面向罪惡、或不合神心意的祈求)；誤把禱告當成阿拉丁神燈，不斷為自己的利益許願，「*你們得不著是因你們不求；你們求也得不著是因為你們妄求。*」[312] 神自然會直接忽略了。只要不是妄求，都可以向神求。

你相不相信，禱告可以讓太陽和月亮停住一天？耶和華對約書亞說： 「*不要怕他們；因為我已將他們交在你手裡，他們無一人能在你面前站立得住。*」[313] 約書亞就勇敢的去作戰，他向神禱告求太陽和月亮的停留，太陽與月亮就真的停住約一日之久。「*在這日以前，這日以後，耶和華聽人的禱告，沒有像這日的，是因耶和華為以色列爭戰。*」[314] 約書亞向神祈求，神垂聽了他的禱告。你認為這是神話，還是真實

的歷史(罕見的天文現象)呢?

禱告的內容(方程式)

「我禱告了,但我也詞窮了,我不知道要跟神說些什麼…。」、「我禱告時,能跟神說什麼呢?」、「**我要禱告什麼內容呢?**」事實上禱告的內容,可以很豐富、很有料。如果你用下列的禱告方程式來禱告,你會有很多話跟神說,且禱告的時間很快就過去了;重點是我向你保證,這樣的禱告一定能蒙神的喜悅和垂聽,以下介紹禱告的方程式:

(認罪和悔改 + 感謝和讚美 + 祈求和代求)

→ 願主旨意成全

認罪和悔改

禱告內容可先向神認罪和悔改,就是謙卑的破碎自己,神不聽罪人的禱告;除非是個會悔改的罪人。但凡我們已知的罪、未察覺的罪、大罪還是小錯,都可以認罪悔改,畢竟人都不完全。我親自實驗過,當我們先向神認罪悔改,禱告就大有功效。

感謝和讚美

感謝和讚美，就是頌揚與稱謝神，在禱告中數算著神對我們的任何好。實在沒想法的話，可以打開你的感恩小簿來參考。數算著感謝神的事物，由心的謝謝祂、純粹的榮耀神、讚美神的作為。

祈求和代求

你可以為自己祈求和為他人代求。例如為自己的苦難，求神開路和憐憫；或為你身邊需要幫忙人與事代求，為家人、朋友、教友、社會、國家、世界等代禱。「*所以我告訴你們，凡你們禱告祈求的，無論是甚麼，只要信是得著的，就必得著。*」[315] 摩西也時常向神祈求：「*我如今若在你眼前蒙恩，求你將你的道指示我，使我可以認識你，好在你眼前蒙恩。*」[316]、「*求你顯出你的榮耀給我看*」[317]。

在祈求中，更超越與進階的祈求內容是「**先求神的國神的義**」，這也是主耶穌親自教導的方法。你心想：「我內心想祈求和待解決的事情有一大堆，我先求神國神義，不會偏題模糊焦點嗎？那我擔心的事和我家人朋友的事怎辦？」請放心，有時正因為我們擔心一大堆、或無力禱告，先求神的

227

國神的義，反而是一條以退為進的神奇捷徑。

　　神的國神的義具體來說像是：願人都尊主的名為聖(也就是求福音的興旺和廣傳)，或為與基督有關的使命與呼召禱告(求你為主立的志)。當我們真心以神國神義，為最優先的祈求順序時；或只要禱告祈求，都先求神國神義時，神一定會喜悅你的禱告！漸漸的你會發現，個人生活的難處慢慢被移除了、為人代求的事也逐個解決了、你擔心的、甚至還沒考慮到的，神都奇妙的幫你安排妥當了，怎麼回事？

　　因為你由心的在意神所在意的，神自然主動的為你開路；就像你與你摯友間的默契，你們主動的為彼此付出，凡事先為對方著想。朋友都還沒開口，你就幫對方帶來一杯咖啡或奶茶，驚喜連連又樂此不疲。今天禱告時不妨試試看進階的祈求—「先求神的國和神的義」和「求聖靈充滿」，你將會得到意想不到的美好體驗。

願主旨意成全

　　當我們認罪悔改了、感謝讚美神了、也祈求與代求了，不論你禱告的內容是豐富的以上皆有，或是專注的上述其一；

禱告最終,也是最重要的一句話,我們要記得在內心禱告著:「願主的旨意成全」。耶穌在受難前三次向天父禱告[318]: 第一次禱告說:「*我父啊,倘若可行,求你叫這杯離開我。然而,不要照我的意思,只要照你的意思。*」、第二次禱告:「*我父啊,這杯若不能離開我,必要我喝,就願你的意旨成全。*」第三次禱告也內容也是一樣。不論我們跟神求了什麼,說了什麼,最後將主權交給神,尊主為大,願主的旨意成全。

禁食禱告

「為何我們沒有能力?要如何有大能力?」、「要如何解決不是一般困難,而是極具艱難的難題呢?」禁食禱告!當人生走投無路處在死角、當你有某些艱難的大目標時、或當壞習慣和缺點改不了而你又很在意時,都可以禁食禱告。求神憐憫幫助,在敬虔上更操練自己。禁食禱告,就是接近禱告的那餐不吃東西(當然,這不是用來順便減肥的),克服肉體的飢餓感,深入而專心的禱告。**禁食禱告的功效特別的顯著、力量也格外的強盛與浩大**。門徒要執行較艱難的聖工、或要趕鬼時,也會禁食禱告。因此,它有別於一般的日常禱告。這是要有明確的動機、目的、與目標的禱告。

神揀選的禁食是[319]要鬆開兇惡的繩、使被欺壓得自由、折斷一切的軛、把你的餅分給飢餓的人、將飄流的窮人接到你家中、見赤身的給他衣服遮體、顧恤自己的骨肉而不掩藏。簡單的說，神所揀選的禁食，是要搭配著我們平時的愛心，時常憐憫並幫助困苦的人。「那時你求告，耶和華必應允；你呼求，他必說：我在這裡。」[320]、「耶和華也必時常引導你，在乾旱之地使你心滿意足，骨頭強壯。你必像澆灌的園子，又像水流不絕的泉源。」[321]

我們看完了禱告，接下來聊讀經，要讀什麼經呢？聖經、可蘭經、摩門經、還是佛經？

讀世界上最暢銷的書—聖經

你有沒有什麼單品，例如一件衣服、一個包，可以穿戴 30、50 年，甚至一生，都保證經典不過時呢？有沒有哪本書、哪部電影，哪首歌、哪張專輯，品嚐了 10、20 遍、甚至 100 遍，仍然百看不厭、百聽不膩？推薦一部至尊經典—《聖經》，當你每次讀它，每次都會有新穎的體會及微小至巨大

的收穫。

　　我已經翻破了幾本聖經，目前正閱讀我的第6本聖經；即使讀過數次，我總覺得每次就像新手初讀一般，始終有隱藏的珍珠與奧秘浮現，這本經典永遠學不完，它有太多美好的道理在裡頭；堪稱一本能穿透你生命的「生命之書」。至今沒有任何一本書會讓我買到第 6 次，可見它的經典程度。當你可以從小看到大再看到老，看它個數十遍，毫不受到時間與使用次數的限制，這才稱得上是經典，會過時的就稱不上是經典了。撇除作者的主觀推薦，我們來看客觀數據：

　　聖經它不僅僅是一本世界上及歷史上最暢銷的書，也是自古騰堡的金屬活字印刷術發明後，西方的第一本印刷品[322]。聖經是至今被翻譯過最多語言的書、世界上成書史最複雜、對世界影響最大的書、及貫穿最多年代的書。你可能會好奇：「當今最暢銷的書不是哈利波特嗎？」《哈利波特》全系列 7 本，加起來賣了 5 億本。但據統計，聖經已賣出超過 50 億本[323]，數量仍持續地增加中。Christianity Daily 報導[324]，新冠病毒疫情讓更多人去買聖經，聖經銷售比增加了 6.2 成。此外，聖經已被翻譯成 2,123 種不同的語言和方言[325]。聖經不只是基

督教的聖經典(Holy Scripture)、神學研究的文本；它更是一本揉合各種人生經歷的書中之書。

　　聖經成書了 1624 年之久，仍保持在歷史上最暢銷書的冠軍寶座。到底，有什麼神奇的力量，可以讓聖經屹立不搖的高居為世界上最暢銷的書呢？究竟，這是一本什麼樣的書，可以從西元前 1513 年，透過 40 多位作者，寫到西元 98 年；再歷經成書，並銷售到如今(筆下西元 2022 年)，前前後後貫穿至今 3535 年？是什麼樣的一本經典，可以震撼且影響了世界上最大的一神論宗教(Monotheism)，包含:猶太教、伊斯蘭教、羅馬天主教、基督新教、和東正教？難道，這 50 幾億聖經讀者(印刷前的還沒算在內)，全都是蒙昧無知的吳下阿蒙嗎？

　　對基督徒而言，聖經是**神的話**、是**真理**、是有生命的、更有潔淨與指引的功能。大衛說：「*你的話是我腳前的燈，是我路上的光。*」[326] 聖經是道，是神的道理、愛的道理。換句話說，聖經是乘載神道的工具。你若給 40 幾個來自不同世代、不同國家、不同語言的作家，撰寫同一個主題，很難寫出毫無矛盾與破綻的一部作品；但聖經卻可以融會貫通、前後呼應。你問任何一個會寫書的作者都知道，這是不可能的

任務。因此，聖經真正的作者就是神！難怪保羅寫到： 「*聖經都是神所默示的。*」[327]

但聖經這本書不是神本身。我們無需本末倒置的拿聖經來拜、放在床頭睡前親吻它、或者出門還要跟它敬個禮。神是無所不在、不需要物化的。而聖經的中心就是**基督**，主題則是**救恩**，重點是在傳達**神愛世人**。聖經中越重要的訊息，越淺顯易懂，例如： 「十誡」[328]，整本聖經裡面，神唯一親手(用手指)寫的內容，就是十誡，既是神親自寫的，代表非常重要；又如福音書中，耶穌親口所說的一切話與比喻。我們可以如此理解：

聖經＝神的話＝真理＝道＝基督教的經典(正典)

為什麼要讀聖經？

但為什麼要讀經呢？ 「*惟喜愛耶和華的律法，晝夜思想，這人便為有福！*」[329] 讀經所帶給我們的福氣，可不是一般的福氣。聖經中有 8000 個以上的應許，是神給祂的子民和兒女的禮物。我們若不去讀，就領受不到，就好像父親幫孩子精心準備了 8000 份禮物，但孩子連一個都沒打開，然後轉身還嫌棄父親不夠愛自己，這實在是太可惜了！讀聖經的主要目

的，是認識神、了解神的話、明白神的旨意、吸收真理、抓住神的應許，進一步的應用在生活上及使命上(如事奉及傳福音)。**讀經就像照鏡子，能時常自我省察**，看到自己做得不好的地方，調整至神喜悅的樣式。

讀經最寶貴的價值在於，把聖經的養分吸收到我們的生命中，搭配我們的心與行為，活出來。不是每個熟讀聖經、能將聖經倒背如流的人，都有美好的品格、或與神有良好的關係。如果我們讀經，沒有具體的活用和應用，三不五時還拿來檢討別人，就有點會錯意了。

真理的超越性

聖經的真理，呈現多元的面貌，具有不可抗的力量。但只要是人，就不可能通透的了解全部的真理，畢竟**每個人對真理的認知與領會不同、對聖經的理解與感受也不同**；換句話說，人的不理解與困惑都是正常的；不見得所提出的每個問題，都有明確或滿意的答案。但你可以放心，**真理能超越時代、文化、地域的限制**，真理不會因時因地而改變；會因時因地而異的是文化。真理並不侷限在哪個歷史渾厚、勢力強大的組織裡，而是在聖經裡並有聖靈的同在。因此我們不

會看任何組織或人，超過神本身(也就是神的話與神的靈)。

如果我們斷章取義，很有可能被聖經的某些字句給惹怒。比方第一世紀的「僕人制度」與 18-19 世紀的黑奴販賣，有著完全不同的歷史背景；又如「性別意識」的議題。那麼「聖經要怎麼活用在生活中呢？」聖經的文化背景，與我們現今的文化背景不同；因此，**我們不妨轉化它，成為今日的情境。**

假如我們因為聖經的幾句隻字片語，覺得被冒犯、被得罪，而索性放棄聖經。這就好像你的母親說了一句話惹惱你，於是你選擇斷絕母子關係，並否認母親生你、養你、育你、愛你等一切努力與付出，這實在有些可惜與偏激。人化身成至高權威的標準、曠世經典的檢察官，幾句觀點的差異，就全盤否定聖經。丹‧布朗(Dan Brown)的小說《達文西密碼》，提到聖經是經過修正的、扭曲且否定了耶穌的神性、並抹黑了耶穌。他的虛構小說是加入個人的觀點與想像，與歷史真相不符，真假參半、以假亂真；但卻也讓不少讀者信以為真。因為宗教爭議，引起了人們關注耶穌的身世。如果真理，可以透過人的會議或個人觀點，將它一條條的改寫，那就不叫真理了。不過你不用擔心，只要多方的考察，畢竟真金是不

怕火煉的。

苦難中的讀經

「所以讀經對我的苦難有什麼幫助呢？」**神的話是帶有力量與權柄的**，聖經不是一般的書籍、心靈雞湯、或勵志小說；主耶穌也是用聖經的話語，抵擋魔鬼的詭計。如果我們想要進一步，從聖經得到一些與苦難有關的內容，不見得非得從頭(也就是《創世紀》)開始讀起，因為很多人在讀《出埃及記》時覺得艱澀卡住出不了埃及。在苦難中，我們可以先從《詩篇》和《約伯記》開始讀起，你可能會心有戚戚焉。如果我們想要得到更多人生的智慧，我們可以從智慧錦囊《箴言》開始讀起，一天一章，共 31 章，一個月就讀完了。

聖經就是你戰勝苦難的終極秘笈。說穿了，我這本書的所有方法，幾乎都是來自於聖經，你也千萬別錯過喔！比如先買一本放家裡，或者在手機中下載免費的 app "YouVersion"，選擇自己的語言，來試讀一下手機版聖經。

若你願意，請給聖經一個機會，讀它一遍，一遍就好，是好是壞再給予評價，讀過後，再選擇你要不要接受聖經、

接受耶穌、接受基督教信仰。人生若沒讀過一次古今中外最
暢銷的書，實在是有點遺憾，畢竟這是花了 16 個世紀成書的
曠世巨作，現在幸福的我們，不費吹灰之力就可以掌握在手。

當我們在閱讀經文時，不妨用一個更宏觀的角度去看，
例如：作者寫作的時代背景為何？當代的文化背景與挑戰分
別是什麼？作者是誰？寫給誰(受信者是誰)？為什麼這樣寫？
要傳達什麼核心概念？是使用什麼文體？比方當我們在讀
《詩篇》時，用閱讀詩的角度來讀，它是詩意與隱喻的；或
者先知書(Navi'im)，透過歷史的教訓，對今日的教會與基督徒
做提醒，思考如何在生活中實踐出來；又比如在閱讀歷史書
時，以平實的歷史記載看待，文體不同。

我們也可以善用有效率的方法，如：讀完一段聖經蓋起
來，將你所吸收的重點記錄下來、思考與默寫內容。通透的
讀，大架構的認識，速讀掌握寬度，精讀則掌握深度；從經
文的原意、釋意、到應用。

聖經是天上的阿爸父寫給我們的一封長信。我們致力於
找出聖經傳達的正面意識，如你願意與人交流分享和討論，

透過聖靈的引導來理解(就是上一步說的禱告)；用心靈誠實與
謙卑的態度來讀經，一回生、二回熟的把神的話放在心裡；
深信會有截然不同的體會，與意想不到的收穫。這封長信，
將帶著你一步步的戰勝苦難。

第 10 章 苦難之後

在苦難中的我們，非常需要上述的方法，所產生的勇氣、平安、喜樂、信心、與力量。這些金錢不見得能買到的珍寶，主都可以白白地賜給你。你會發現這 5 個方法相輔相成、相互依存。比如：信心會帶來勇氣，消除我們的恐懼；靈修能產生喜樂，重獲力量等。假如你嘗試了本書的 5 個方法，可能會對你有什麼好處呢？

也許神希望我們經歷挫折、百般的挫折，拒絕、各種的拒絕，將舊有的玻璃心，淬鍊成堅硬而閃耀的鑽石。直到身經百戰，完全不在意世人眼光、關掉噪音，在苦難之後，修煉成高超的內在素質；方能成為神忠心的好管家、好僕人。

苦難的過程是艱苦的，但結局是美好的。正在經歷或已

度過苦難的人，會對人生有深層而刻骨銘心的領悟，會出現前所未有的透徹思緒。不論是認識了自己的真我、體會了神的旨意、或找到了信仰。*「因受苦難得以完全、因所受的苦難學了順從。」* [330] 因為受苦而成長，學會了溫柔、順服或謙卑，學習了原先不會或抗拒的事。在苦難中體悟到人(或自己)的軟弱、感受到家人與朋友最真摯的愛 (或感受到誰才是真心愛你、支持你、關心你的)。因為經歷了苦難，被重塑了性格、被激發出全新的你、再造了嶄新的價值觀。有些答案，在苦難的當下不會出現，事過境遷才撥雲見日、豁然開朗。

直到雨過天晴、苦難過去，透過追憶與回溯，才終於明白：「原來如此！我懂了、我學會了！」、「原來苦難，讓我轉變成為如今更好的自己。」、「要是沒有那份痛苦，我的人生就無法進入前所未有的超越。」、「若不是這份考驗，我就不會明白原來他(或她)這麼愛我、支持我。」、「要不是經過這份苦難，我們就無法遇見神。」、「原來苦難帶來這麼美好的價值。」、「我才終於體悟到什麼是真正的平安」、「如今我可以回過頭來欣賞神的旨意原來是好的」、*「流淚撒種的，必歡呼收割！」* [331]

此刻，你如釋重負。苦難，使我們從毛毛蟲變為蝴蝶。使我們嚐盡了人生的酸甜苦辣。苦難，使我們與耶穌連上線。歷經過苦難的人，比較少經歷苦難的人，有更多的同理心和憐憫心。苦難讓我們成為了更堅強、更強大、更睿智、與更成熟的人。你不會白白的受苦，更不會空手而歸。苦難，帶來人生珍貴的禮物。「*我所忍受是何等的逼迫；但從這一切苦難中，主都把我救出來了。*」[332] 當我們從苦難獲救，我們必能體驗神、看見更美的光景。就像約瑟與約伯，在苦難之後苦盡甘來，他們的人生被神加倍賜福。

但萬一沒有呢？像耶穌一樣受苦到最後一口氣呢？我們該如何承擔？即或不然，到主再來的盼望之日，我們全都會明白，那日的公義將是前所未有的。經歷苦難之人，必能唱出神國得勝的凱歌，得享永遠的榮耀。

巴底買在被主醫治雙眼復明後，第一件事就是跟隨主。前文有提到，耶穌有次醫治好 10 個長大痲瘋的人，但其中只有一個外族的撒馬利亞人回來榮耀神、感謝神。人們有難時，拼了老命的找神與求神；但在向神求的事應允了、解決了、成全了之後，轉身就無情地把神給忘記了；時間一長，慢慢燃起驕傲，覺得自己真有兩把刷子。

因此，當我們經歷過苦難之後，也分享出你的故事吧！不論是苦難中的心境、苦境甘來的過程、讓生命銳變的苦難故事、苦難背後的祝福與超越。你遇見了什麼苦難？你是如何經歷苦難？又是怎麼戰勝苦難的？你的故事，能讓更多正在受苦的人受益。在我們戰勝苦難後，**把愛傳下去給更多需要的人，形成良好的支持系統循環。將榮耀和感謝，歸給背著你走過苦難的主耶穌。**

在此，戰友我要恭喜你，讀完了如何戰勝苦難！前文我們認識了苦難 5 期的真實心路歷程、受苦的原因、也看見聖經中受苦的故事(耶穌、約伯、約瑟等)、亦可分辨出自己處在哪一類苦難。除此之外，我們了解到要用慈愛面對身處在苦難的人。

在戰勝苦難階段，我們認清了自己在害怕些什麼、憂慮些什麼；但因為神與你同在，你不再懼怕；因為主賜你平安，你不再擔心。因此，在與苦難共處的期間，我們明白苦難是短暫的、它一定會過去！透過每天練習喜樂的方法，你開始記錄令你感恩的微小事物、體會微小的愛、並願意去愛，漸漸的，你越來越喜樂、越來越勇敢；也深信其實你不是隻身

一人。即使還沒得到回音、還沒看見曙光，你選擇先相信主，全然的交託倚靠祂，你更願意堅持的忍耐等候主。最後，透過與神密切的交流—禱告高舉聖靈、和讀經認識神的話。一步步的看透苦難、戰勝苦難！

現在，再與你一同回憶戰勝苦難的重點：

苦難 5 期?

第1期 → 第2期 → 第3期 → 第4期 → 第5期
衝擊期　　沮喪期　　黑暗期　　思想期　　驅動期

如何面對苦難中的人? 以慈愛待他

愛心的手

傾聽的耳

理解的心

鼓勵的口

戰勝苦難的 5 個方法?

方法 1—戰勝害怕

> 先認清你的害怕

> 不要怕，神與你同在

方法 2—卸下憂慮

> 先認清你的憂慮

> 別擔心，主賜你平安

方法 3—練習喜樂

> 中層快樂的秘訣

> 深層快樂的秘訣

方法 4—先相信神

> 信心

> 等候與忍耐

方法 5—與主連線

> 禱告

> 讀世界上最暢銷的書—聖經

人生在世，必定會經過苦難；但親愛的讀者，請你放心，靠著主的大能大力，我們一定可以戰勝苦難！如果你也有戰勝苦難的好方法，也期盼你與我分享。在苦難開篇與信心篇提過；最終再提一次(重要的要提三次)，以這節經文作為彼此結尾的鼓勵，願你平安(shalom)：

耶穌對門徒說：

「在世上你們有苦難，但你們可以放心，

我已經勝了這世界。」

(約 16:33)

感 謝

　　首先，我要感謝我最愛的家人們：我的先生 Henry 也是我最好的朋友，謝謝你總是陪伴、支持、包容與擔待；在寫書期間，時常與我談論著本書，給予最合適的意見、最多的行動支持，你是本書最大的軍師。我的兒子 Zachary，你的笑容與童言童語，是激勵我的小太陽。文字無法形容我有多愛你們！謝謝我的媽咪雪麗，生我、養我、育我，一路走來所吃的苦，沒有您就沒有今天的我；謝謝我的姊姊敏柔，協助我聯繫傳道與台灣總會；感謝我的公婆—人立爸爸和秀玫媽媽，給予我們一家三口時常的支援和協助。換句話說，沒有家人們大力的支持與幫助，也就沒有這本書的產出。

　　再來，我要感謝我宗教信仰路上的恩師—蔡彥仁教授，您曾讀過我的文字後給予直接與正面的肯定；並鼓勵我今後

應多提筆，造就更多人，這給了我很大的激勵，謝謝老師生前智慧的教導。我要感謝張超雄傳道、玫玲姊、先生、姊姊、Tin、忍哥、佩佩、媽咪、爸媽(公婆)，慷慨地抽出時間閱讀了我的草稿，並對這本書給予具體建議，由衷的謝謝你們為本書加添了許多價值。感謝我的好姐妹 Tin、Anny、Yien、Rebecca、Liliana 在寫書期間精神上的相伴與鼓勵。我十分感謝關心問候這本書的親友。在成書階段，我要感謝多倫多的 FAMGO 設計公司。我還要特別感謝給我信仰薰陶的真耶穌教會：包含台灣總會的神學訓練班、加拿大的多倫多教會、台灣的景美教會(景美高級班、師科團契)、頭份教會，以及中國的上海教會。

最後，我要慎重的感謝：我的神—主耶穌基督，謝謝您，透過聖經的道理與聖靈的引領，在寫書期間，帶領著我的思緒與敲擊鍵盤的雙手，讓這本書正式的出爐。若沒有我所信仰的神、沒有主給我的呼召與使命，就不會有這本書的誕生。寫完書我只想說：我是無用的僕人，所做的只是我應當做的；我是卑賤的器皿，感謝神不嫌棄我手中破舊的筆。我願一切榮耀和頌讚歸於我的主，我將所有的感謝獻給我的神。願神大大的賜福，將安慰、造就、勇氣、喜樂、信心、力量、神

的愛、真平安，滿滿的歸給閱讀這本書的人。

由衷的感謝讀者，選擇閱讀這本書、並花時間讀完它。如果你喜歡我的書，誠摯的邀請你將此書，分享給你身邊在苦難中的人、基督徒、或在尋找信仰的人，或許你將會幫助到他或她的人生。如果你有什麼想法或心得想與我交流，請與我聯繫。謝謝你！期待我們未來在文字中相會。

> *萬軍之耶和華說:*
> *「不是倚靠勢力，不是倚靠才能，*
> *乃是倚靠我的靈方能成事。」*
>
> *(亞 4:6)*

梅根敏敏 於多倫多 2022 年 2 月

關 於 作 者

梅根敏敏 (Megan Minmin) 是位作家、設計師、基督徒。熱愛美學、文字與音樂。出生並成長於台灣,畢業於臺灣科技大學設計系及設計研究所。曾在上海金石盟珠寶公司擔任設計經理;現任多倫多 FAMGO 設計事務所的聯合創始人。目前與先生和兒子,居住在加拿大多倫多。

自幼信主30年,在教會擔任宗教教育及輔導老師16年。敏敏的座右銘:「我是個平凡的女人,但我有位不平凡的神。」

更多關於作者,歡迎掃描書背的二維條碼,或瀏覽網站:www.meganminminc.com

書名：如何戰勝苦難？

作者：梅根敏敏

出版日：2022 年 3 月 7 日 (初版-平裝)

ISBN：**978-1-7780276-0-4**

封面設計：梅根敏敏 / FAMGO 設計事務所

版權所有・翻印必究

First edition - Paperback

ISBN: **978-1-7780276-0-4**

Cover design by Megan Minmin C. / FAMGO Design Studio

附　註

第 1 章

1 康德(Immanuel Kant)是 18 世紀德國哲學家。

2 Immanuel Kant (1781) **Critique of Pure Reason**. (Translated by John Miller Dow Meiklejohn, 2001)

3 教導主任，也就是現在所謂的教務主任

第 2 章

4 (約翰福音 16:33)

5 Jane B. Burka. PhD and Leora M. Yuen, PhD. (2008) **Procrastination**: Why You Do It, What to Do About It Now.

6 (詩篇 102:3, 4, 9)

7 (詩篇 22:1, 6)

8 (約伯記 12:25)

9 (傳道書 7:14)

10 (以賽亞書 30:20-21)

11 (以賽亞書 53:3-4)

12 (馬太福音 26:36-46, 馬可福音 14)

13 (馬太福音 27:46, 馬可福音 15:34)

14 C. S. Lewis (1940) **The Problem of Pain**, p.20

15 Timothy Keller (2013) **Walking with God Through Pain and Suffering**, eBook, p.29

16 (約伯記 12:5)

17 (以賽亞書 1:20)

18 (希伯來書 12:5-7)

19 (詩篇 30:5)

20 (創世紀 3:14-19)

21 (約拿書 1:3)

22 (歷代志上 13:9-14)

23 (民數記 4:15)

24 (申命記 10:8, 民數記 3:29-31, 4:4-6,15)

25 (歷代志上 13:11-12, 15:2)

26 (詩篇 119:71)

27 (詩篇 34:19)

28 (列王紀上 19:4)

29 (申命記 8:2-3)

30 (約翰福音 11:1-6)

31 (使徒行傳 14:22)

32 (約伯記 5:7)

33 (約伯記 2:10)

34 (約伯記 13:28)

35 (約伯記 16:2)

36 (約伯記 16:22)

37 (約伯記 19:19)

38 (約伯記 19:25)

39 (約伯記 37:14)

40 (約伯記 40:4-5)

41 (約伯記 42:5-6)

42 (創世紀 50:20)

43 (創世紀 39:2)

44 (創世紀 39:23)

45 (使徒行傳 7:9-10)

46 (創世紀 39:3-4)

47 (創世紀 39:10)

48 (創世紀 39:9)

49 (創世紀 40:16)

50 (創世紀 50:19-21)

第 3 章

51 Timothy Keller (2013) *Walking with God Through Pain and Suffering.*

52 (以賽亞書 63:9, 耶利米書 16:19, 列王紀上 1:29)

53 (詩篇 119:153, 詩篇 44:24, 約伯記 36:8)

54 (約翰福音 16:33, 使徒行傳 7:10)

55 (使徒行傳 9:16, 提摩太後書 1:12, 希伯來書 5:8, 彼得前書 5:10)

56 (約書亞記 23:15, 傳道書 7:14)

57 The World Health Organization (May 2021) ICD-11, International Classification of Disease 11th Revision - The global standard for diagnostic health information. 世界衛生組織「國際疾病分類第 11 版修訂本, 全球診斷信息標準」

58 Ibid. Ch5. 內分泌、營養或代謝疾病

59 Ibid. Ch18. 妊娠、分娩或產褥期疾病

60 Ibid. Ch6.

61 Ibid. Ch6. 學術上稱為「創傷後應激障礙症」

62 睡眠覺醒障礙, 在國際疾病分類標準裡, 屬於獨立的類別, 見 ICD-11, Ch7

63 (箴言 18:14)

64 The World Health Organization (Dec 9. 2020) The Top 10 Causes of Death- WHO Global Health Estimates.

65 (馬可福音 2:5)

66 (路加福音 5:31-32)

67 The World Health Organization (Dec 9. 2020) The Top 10 Causes of Death, WHO Global Health Estimates

68 (詩篇 116:15)

69 (馬太福音 12:24)

70 (馬太福音 5:4)

71 (約翰福音 21:18)

72 (使徒行傳 12:7)

73 (馬太福音 5:10)

74 (使徒行傳 9:16-17)

75 (提摩太後書 1:12)

76 (提摩太後書 2:3)

77 (詩篇 6:3)

78 (詩篇 10:1)

79 (詩篇 13:1)

80 (詩篇 44:24)

81 (詩篇 74:1)

82 (詩篇 77:7)

83 (詩篇 88:14)

84 (馬太福音 25:1-12)

85 (馬太福音 25:3-4)

86 (馬太福音 25:13)

87 (詩篇 6:2)

88 (路加福音 9:28-33)

89 (哥林多後書 12:9)

90 (加拉太書 6:14)

91 (希伯來書 4:15)

92 (希伯來書 5:2)

93 (哥林多前書 1:27)

94 (哥林多後書 12:10)

95 所羅門王 (約公元前 996 年-931 年)，古以色列的聯合王國時代的第三任君王，也是分裂王國前的最後一位君王；有「智慧之王」的美譽。

96 (傳道書 1:2, 12:8)

97 (列王紀上 11:42, 歷代志下 9:30)

98 (歷代志下 8:1, 列王紀上 9:10, 6:38, 7:1)

99 (歷代志下 9:22)

100 (歷代志下 9:13)

101 指古以色列的聯合王國時代

102 (歷代志下 9:20,25)

103 (約翰福音 4:13-14)

104 (使徒行傳 10:15, 28)

105 (約翰福音 4:21)

106 (約翰福音 4:23)

107 (約翰福音 20:24-29)

108 (馬太福音 14:30-31)

109 (路加福音 2:46)

110 (約翰福音 14:5-6)

111 Malcolm Gladwell (2011) **Outliers**: Story of Success

112 (傳道書 7:14)

113 (詩篇 94:19)

114 (傳道書 8:17)

115 (歷代志下 16:11-13)

116 (路加福音 7:22)

117 (路加福音 7:11-17)

118 (馬可福音 5:21-24, 35-43)

119 (約翰福音 11:44)

120 (約翰福音 11:25-26)

121 (出埃及記 4:6-7)

122 (路加福音 4:27)

123 (馬太福音 8:2-3, 馬可福音 1:40-42, 路加福音 5:12-13)

124 (馬太福音 26:6, 馬可福音 14:3)

第 4 章

125 (詩篇 69:20)

126 (約伯記 6:25)

127 (約伯記 12:3)

128 (約伯記 6:14)

129 (羅馬書 14:1, 15:1, 帖撒羅尼迦前書 5:14)

130 (使徒行傳 20:35)

131 (箴言 18:13)

132 (約伯記 13:5)

133 (約伯記 13:13)

134 (約伯記 21:1-2)

135 (詩篇 34:18) The Lord is near to those who have a broken heart.

136 (哥林多後書 1:4)

137 (哥林多前書 9:22)

138 (羅馬書 12:15)

139 (約伯記 16:5)

140 (箴言 31:8-9)

141 (詩篇 38:11)

142 ADL: Activities of Daily Living 基本生活自理能力

第 5 章

143 (箴言 24:10)

144 (希伯來書 10:35)

145 (士師記 7:3)

146 (詩篇 27:1)

147 (詩篇 118:6)

148 (羅馬書 8:31)

149 (約翰福音 7:12-13)

150 (約翰福音 14:16-20) 保惠師，或譯: 訓慰師

151 UNODC (2018) Annual Report 2018

152 Ibid. P83.

153 WHO/RHR (2019) Respect Women, Preventing violence against women, Department of Reproductive Health and Research World Health Organization, p.4

154 UN Women (2021) Annual report 2021

155 WHO/RHR (2019) Respect Women, Preventing violence against women, Department of Reproductive Health and Research World Health Organization, p.4

156 Ibid. P4.

157 Ibid.

158 Jane B. Burka. PhD and Leora M. Yuen, PhD. (2008) **Procrastination:** Why You Do It, What to Do About It Now.

159 (馬太福音 14:22-33)

160 (撒母耳記上 7:12)

161 聖經中的「以馬內利」，就是「神與你同在」的意思。

162 (詩篇 68:6)

163 (以賽亞書 41:10, 43:5)

164 (箴言 3:26) NKJV

165 (希伯來書 4:16)

166 (詩篇 23:4)

167 (創世紀 15:1)

168 (創世紀 26:24)

169 (創世紀 28:10-15)

170 (創世紀 46:3)

171 (耶利米書 46:28)

172 (出埃及記 3:2)

173 (但以理書 3)

174 (申命記 31:7-8)

175 (約書亞記 1:1-9)

176 (士師記 6:23)

177 (歷代志下 20:12,15, 17)

178 (耶利米書 1:8,19, 15:20, 30:11)

179 (但以理書 10:19)

180 (約翰福音 6:19-21)

181 (約翰福音 16:22)

182 (路加福音 12:7)

183 (路加福音 1:13)

184 (路加福音 1:30)

185 (使徒行傳 18:9-10)

第 6 章

186 (馬太福音 6:27, 路加福音 12:25-26)

187 (馬太福音 6:25-26)

188 (馬太福音 6:31-34)

189 (馬太福音 11:28-29)

190 (約伯記 22:21)

191 (以賽亞書 30:15)

192 (彼得前書 5:7)

193 (約伯記 36:16)

194 (耶利米書 6:14, 8:11)

195 (約翰福音 14:27)

第 7 章

196 (哈巴谷書 3:17-19)

197 (約伯記 22:26)

198 (哥林多後書 8:2)

199 (哥林多後書 11:23-28)

200 (羅馬書 5:3)

201 (雅各書 1:2)

202 (箴言 17:22)

203 (傳道書 4:12)

204 (申命記 33:25)

205 Matthew Walker (2018) **Why We Sleep**: Unlocking the Power of Sleep & Dreams.

206 Edward M. Hallowell, M.D. (1999) **Connect**, New York: Simon & Schuster.

207 James Clear (2018) **Atomic Habits**: An Easy & Proven Way to Build Good Habits & Break Bad Ones.

208 (提摩太前書 6:6-8)

209 (路加福音 17:11-19)

210 (撒母耳記上 25)

211 (詩篇 23:1)

212 (但以理書 6:10)

213 Gary Chapman (1992) **The Five Love Languages.**

214 (詩篇 25:12, 34:7, 147:11, 111:10)

215 (羅馬書 8:28)

216 (詩篇 91:14)

第 8 章

217 (約翰福音 16:33)

218 (約翰壹書 5:4)

219 (羅馬書 10:17)

220 (羅馬書 12:3)

221 (以弗所書 2:8)

222 (馬可福音 9:23-24)

223 (路加福音 17:5)

224 (彼得前書 1:7)

225 (約伯記 23:10)

226 (希伯來書 11:1)

227 (哥林多後書 5:7)

228 (羅馬書 1:17)

229 (約翰福音 6:35)

230 (馬太福音 19:26, 馬可福音 10:27)

231 (路加福音 8:50)

232 (希伯來書 11:6)

233 (希伯來書 11:24-27)

234 (約翰福音 11:40)

235 (馬太福音 8:5-13, 路加福音 7:1-10)

236 (撒迦利亞書 4:6)

237 (約翰福音 15:5)

238 (以賽亞書 26:3)

239 (箴言 3:5-6)

240 (箴言 16:9)

241 (箴言 16:33)

242 (創世紀 22) 地名「耶和華以勒」，意思是「主必預備」，是亞伯拉罕以羊羔

取代兒子以撒獻為燔祭之處

243 (馬太福音 9:20-22, 馬可福音 5:25-34, 路加福音 8:43-48)

244 (但以理書 3:17-18)

245 (以賽亞書 40:29-31)

246 (耶利米哀歌 3:25-26)

247 (詩篇 62:1)

248 (詩篇 25:3,5)

249 (詩篇 27:14)

250 (詩篇 37:34)

251 (路加福音 19:41-44)

252 (彼得前書 5:10)

253 (彼得前書 1:6)

254 (哥林多後書 4:17)

255 (羅馬書 8:18)

256 (耶利米哀歌 3:31-33)

257 (哥林多後書 4:18)

258 (希伯來書 10:36)

259 (羅馬書 5:3-5)

260 (羅馬書 12:12)

261 (雅各書 1:3-4)

262 (雅各書 5:10-11)

263 (馬太福音 15:21-28, 馬可福音 7:24-30)

264 (馬太福音 15:28)

265 (希伯來書 3:14)

266 (希伯來書 4:2)

267 (雅各書 2:20-24. 創世紀 22:16)

268 (羅馬書 4:2-3, 加拉太書 3:5-6, 創世紀 15:6)

269 (歷代志下 20:7)

270 (創世紀 12:4,7)

271 (希伯來書 11:8)

272 (創世紀 12:7-8, 創世紀 13)

第 9 章

273 (詩篇 46:1)

274 (撒母耳記上 1:10)

275 (撒母耳記上 1)

276 (耶利米書 16:19)

277 (馬太福音 27:46, 馬可福音 15:34)

278 (詩篇 22:1)

279 (詩篇 89:47)

280 (詩篇 22:11,19)

281 (詩篇 25:16-17)

282 (詩篇 39:12-13)

283 (詩篇 44:26)

284 (詩篇 69:29)

285 (詩篇 119:153)

286 (詩篇 38:9)

287 (詩篇 69:1-4)

288 (以賽亞書 63:9)

289 (雅各書 5:16-17)

290 (創世紀 26:25)

291 (但以理書 6:10-13)

292 (使徒行傳 10:2)

293 (路加福音 11:8)

294 (馬太福音 18:19-20)

295 (歌羅西書 4:2)

296 (路加福音 22:40)

297 (馬太福音 26:41, 馬可福音 14:38)

298 (哥林多前書 14:14-15)

299 (啟示錄 19:1)

300 作者現在隸屬「真耶穌教會 True Jesus Church」之「多倫多教會」，全世界各地皆有分會。

301 (哥林多前書 14:19)

302 (馬太福音 6:9-13, 路加福音 11:2-4)

303 我們在天上的父 (有古卷: 父啊) The Holy Bible, (Luke 11:2)

304 願你的旨意行在地上，如同行在天上 (有古卷沒有願你的旨意....) The Holy Bible, (Luke 11:2)

305 馬太福音記載「今日」賜給我們，路加福音記載為「天天」賜給我們. The Holy Bible, (Matthew 6:11, Luke 11:3)

306 本句路加福音為「赦免我們的罪，因為我們也赦免凡虧欠我們的人」 The Holy Bible, (Matthew 6:12, Luke 11:4)

307 救我們脫離兇惡 (或譯: 脫離惡者). The Holy Bible (Matthew 6:13)

308 因為國度、權柄、榮耀，全是你的，直到永遠。阿們！ (有古卷沒有末句「因為……阿們」等字). The Holy Bible (Matthew 6:13)

309 (馬太福音 7:7)

310 (約翰福音 1:35-38)

311 (腓立比書 4:6-7)

312 (雅各書 4:2-3)

313 (約書亞記 10:8)

314 (約書亞記 10:14)

315 (馬可福音 11:24)

316 (出埃及記 33:13)

317 (出埃及記 33:18)

318 (馬太福音 26:39,42)

319 (以賽亞書 58:3-12)

320 (以賽亞書 58:9)

321 (以賽亞書 58:11)

322 中國人首先發明了印刷機；而德國的古騰堡發明了活字印刷術，其《古騰堡聖經(Gutenberg Bible)》是自西方發明活字印刷術後的第一本印刷品；目前它收藏於紐約公共圖書館中 (New York Public Library, NYPL)。

323 Guinness Book of World Records (2015) Best selling book of non-fiction

324 Christianity Daily (Jan 04, 2021) Pandemic Caused More People To Buy Bibles

325 James J. Kennedy and Jerry Newcombe (1998) What If the Bible Had Never Been Written?

326 (詩篇 119:105)

327 (提摩太後書 3:16)

328 (出埃及記 32:15-18)

329 (詩篇 1:2)

第 10 章

330 (希伯來書 2:10, 5:8)

331 (詩篇 126:5)

332 (提摩太後書 3:11)